U0357437

建校百年·哈工大人系列丛书

岁月如歌

哈尔滨工业大学北京地区校友会活动图史

哈尔滨工业大学北京地区校友会 编

哈爾濱工業大學出版社

图书在版编目(CIP)数据

岁月如歌：哈尔滨工业大学北京地区校友会活动图史 / 哈尔滨工业大学北京地区校友会编. — 哈尔滨：哈尔滨工业大学出版社, 2020.4

ISBN 978-7-5603-8730-7

Ⅰ. ①岁… Ⅱ. ①哈… Ⅲ. ①哈尔滨工业大学 - 校友会 - 概况 Ⅳ. ①G649.283.51

中国版本图书馆CIP数据核字(2020)第041366号

岁月如歌：哈尔滨工业大学北京地区校友会活动图史

SUIYUE RU GE：HARBIN GONGYE DAXUE BEIJING DIQU XIAOYOUHUI HUODONG TUSHI

策划编辑 李艳文 范业婷
责任编辑 王晓丹 孙 迪
装帧设计 屈 佳
出版发行 哈尔滨工业大学出版社
社　　址 哈尔滨市南岗区复华四道街10号 邮编150006
传　　真 0451-86414749
网　　址 http://hitpress. hit. edu. cn
印　　刷 文畅阁印刷有限公司
开　　本 787mm×1092mm 1/16 印张22.5 字数463千字
版　　次 2020年4月第1版 2020年4月第1次印刷
书　　号 ISBN 978-7-5603-8730-7
定　　价 100.00元

谨以此书祝贺哈尔滨工业大学百年华诞

哈尔滨工业大学北京地区校友会

本书编委会

编辑说明

1. 大部分文章为杜焕生的旧稿，也从互联网上选取了少数文稿，时间所限未征求意见，敬请谅解。
2. 全书按时间顺序编排，图片排在文章后面，有时也插入相关文章。
3. 文中讲话根据记录整理，未经本人审阅，仅供参考。
4. 照片说明中，为节省篇幅不写职务和职称。
5. 照片大多由杜焕生提供，其他人提供的在照片后注明，个别漏注者，敬请谅解。
6. 照片中的人物均按照从左到右的顺序标示名字。

总序

时光荏苒，风雨沧桑，不知不觉间哈工大即将走过百年岁月。回首学校的发展历程，她的每一轮进步跨越、每一次腾飞奋进，无不与祖国的命运紧紧连在一起。特别是中华人民共和国成立后，从全国学习苏联高等教育办学模式的两所大学之一，到首批进入国家“211 工程”和“985 工程”，再到入选国家“双一流”建设 A 类高校名单，哈工大一直得到国家的重点建设，并形成了现在哈尔滨、威海、深圳“一校三区”的办学格局。

当然，哈工大也没有辜负国家的支持与厚望。一直以来，学校秉承“规格严格，功夫到家”的校训，大力弘扬“铭记责任，竭诚奉献的爱国精神；求真务实，崇尚科学的求是精神；海纳百川，协作攻关的团结精神；自强不息，开拓创新的奋进精神”和“铭记国家重托，肩负艰巨使命，扎根东北，艰苦创业，拼搏奉献，把毕生都献给了共和国的工业化事业”的哈工大“八百壮士”精神，主动适应国家需要、积极服务国家建设，以朴实严谨的学风培养了大批优秀人才，以追求卓越的创新精神创造了丰硕的科研成果，成为享誉国内外的理工强校、航天名校。

我始终认为，学生的培养质量是衡量一所大学是否是“双一流”最重要的考核指标，而质量主要是从学生离校走向社会在工作中体现出来的，包括思想品德、工作能力和社会贡献等。经过百年沉淀的哈工大，从 1920 年建校至今，已经培养了几十万名学子。我在这所学校工作了几十年，也见证了一部分同学的成长。他们在学校掌握知识、锤炼品格，然后投身社会，成为各行各业的中坚力量，其中既有党和国家领导人，也有共和国的将军；既有学术界的泰斗，也有科技领域的骨干……当然，还有在许多行业里的领跑者——杰出的企业家。

很幸运，我们身处一个崇尚创新、追求创新、激励创新的时代。不管是传统行业，还是新兴科技行业，都活跃着哈工大人的身影。这些实干力行的国家栋梁在兢兢业业工作的同时，积累了无数的方法和经验，也有道不尽的经历与感受。无论是对母校生活的追忆，还是对当下工作的总结，这些不可多得的人生财富，都非常值得大家借鉴和学习。

恰逢学校百年华诞，哈工大出版社特意编撰了“建校百年·哈工大人系列丛书”，天南海北、各行各业的哈工大人以此为平台，把自己走过的人生之路，真诚又无私地以文字的形式分享出来，为后来者和社会公众提供参考。我认为，这十分有意义，也十分有价值。我向他们致敬，同时也为学校培养出这样的学子感到自豪！而对于广大校友和在校生来说，阅读这些书籍，仿佛有人为你打开了一扇门，特别是身为哈工大人的你会发现，寻找理想、追梦前行的人，不只有你自己，还有许许多多的哈工大人和你一路同行、共同奋斗。

希望广大读者能从本系列丛书中获得启迪，踏上自己人生道路的“英雄之旅”，抒发豪情壮志，成就伟大事业。

杨士勤

序　一

公元2020年是我们亲爱的母校——哈尔滨工业大学百年华诞，同时是毛泽东主席亲自任命李昌为哈工大校长的“六六”大顺之年，也是北京哈工大校友会成立的第三十三年。

在此，在北京地区的哈尔滨工业大学约5万名校友对母校致以生日的热烈祝贺和衷心祝福。

我们仅以此书献给母校——哈工大，作为生日礼物和纪念！

本书虽然仅仅记录了北京校友会的部分活动，但却反映了千千万万个哈工大校友的心声。本书的主角不是某几个人、某些校友，而是母校的老领导、“八百壮士”、新中国的建设者、祖国的同龄人、改革开放的主力军、新时代的年轻校友。其中，有的已离我们远去，向他们致敬！有的正在享受着天伦之乐，向他们祝福！有的还奋斗在改革开放的第一线，向他们问好！当然，我们更为我们的杰出和知名校友做出的贡献而感到骄傲和自豪！这里有党和国家领导人、各级领导，各行各业的专家、学者、领导者，国防战线的将军、指挥员，工业战线的企业家、工程师，经济战线的董事长、总经理，科研战线的院士、研究员，教育战线的校长、教授，还有众多的硕士、博士和博士后等等，向他们致以由衷的敬意，并祝他们成为更优秀的追梦人！大家都沐浴着改革开放的春风和分享着改革开放的红利，真是幸福！

必须对开展校友会活动的联络员表示特别的感谢！没有他们的热心、热情和无私的付出，就不可能有校友会丰富多彩的活动。对他们致以崇高的敬意！

我必须强调，北京校友会一直受到哈工大在校和离校的校领导的关心和指导，得到了他们的支持和帮助，特别是杨士勤、强文义、张真、彭云、顾寅生等领导，向他们表示衷心的感谢！

我还要对我们北京地区哈工大校友会的名誉会长、老校长李昌、高铁，和历任会长戚元靖、朱育理及刘忠德部长致意并深切地怀念他们！

我也要对长期在一起工作的同事、校友和朋友刚杰、海锦涛和郎惠生等秘书处的同志为校友会做出的杰出贡献和付出的辛勤劳动致以兄弟般的感谢和发自内心的敬意！他们不计名利的牺牲精神是我学习的榜样，祝福他们！

我不能不提到本书的主编——杜焕生校友，他以带病之身，积累收集了几十年的资料，以带着两个支架的身体，不分昼夜地整理、编写了这本他呕心沥血的图史，他以多年当《中国机械年鉴》主编的经验，高速度、高质量、高水平地完成了这部图文并茂、特色鲜明、历史跨度大的哈工大北京地区校友会活动图史并呈现给大家，让我们分享。感谢杜焕生，感谢为此书做出贡献的所有人员！

本书的特点是图文并茂，以图为主；资料翔实，以时为序；编排恰当，以人叙事；朴实无华，以史为据。

因此，本书是历史的记载，是岁月的记录，是生活的继续，是事业的继承。

能为本书写序，不但是一种责任，更是一种荣耀！

本书疏漏之处，请大家谅解。

张管生

序　二

我与北京校友会

一、结缘

我是1993年从哈工大调到团中央工作的，离校之前向杨士勤校长辞行，杨校长说："你当过多年校团委书记，认识的同学比较多，到北京之后，应该帮助推动和组织一下北京校友会的工作。"这应该是我参加北京校友会工作的缘起。

到了北京之后，我开始有意识地接触一些校友，主要是学生总会、研究生总会跟我比较熟悉的校友，比如宋亚晨、韩晓光、王雪莉、李振明、李明树、马振东等，还有我们同时在校的同学，如于明、杜军、白秋晨等。一开始并未跟北京校友会联系，也不知如何联系。

1995年春天，吴林书记来北京开会，我请他吃晚饭，在场的还有校办的李景煊同志。吴林书记也提出跟杨校长类似的希望，觉得北京校友会的工作应该由有热心、有能力、有影响力的年轻校友来参与推动，他认为我是个比较好的人选。李景煊同志向我介绍了北京校友会的张管生、海锦涛和刚杰等。我听后心中暗喜，因为1987年，我和当时的宣传部长顾寅生同志总结哈工大的思想政治工作经验，到北京拜访过李昌校长、高铁校长等相关的领导，还有王兆国、李树毅、卢时彻等知名校友和北京校友会的几位老师。我就按照李景煊同志的建议，开始接触北京校友会的相关老师。我专门拜访了李昌老校长、拜访了张管生同志、李树毅同志、刚杰同志、王世宽同志、王北新同志等，征求他们对开展北京校友会工作的建议。估计是李景煊同志也跟他们打过招呼，这些同志对我都非常热情，而且建议我加入到北京校友会工作团队中来。1996年12月的校友会上，我当选为北京校友会的副会长。

这其中很重要的一个原因是北京校友会的校友年龄结构、人员组成结构发生了非常大的变化。77、78 级以后毕业的学生来到北京，每年估计几百人，陆陆续续超过了几千人，在人数上已经超过了 20 世纪 70 年代前毕业的老校友。另外北京校友会工作团队的组成，原来也是以老校友为主，老校友跟年轻校友的需求和精力，客观上也存在一些差异。因此北京校友会张管生、海锦涛几位老师希望我加入到这个团队中来，我也推荐了几位年轻同志，比如马兴瑞同志、林抚生同志加入到这个团队中来，成为北京校友会的副会长。

二、青年校友会

张管生同志、王北新同志和李树毅同志等北京校友会的老师希望我牵头推动青年校友的工作。我和高文等几个青年校友一起讨论，大家建议成立一个青年校友会。在那期间，跟我在团中央高技术中心工作的一个校友在左安门宾馆有一个酒店，叫伊利海滩，这个地方就成了我们大家聚会讨论策划的一个基地，前前后后有过十几、二十次讨论。我就这项工作也跟张管生老师、刚杰老师等认真讨论，我明确提出，北京青年校友会是北京校友会的一个下设组织，在北京校友会的领导下，我作为北京校友会的副会长来推动北京青年校友会的工作。

2000 年 3 月 15 日，在海淀区银泉大厦举办了哈工大北京青年校友会成立大会。杨士勤校长、张管生同志、海锦涛同志和 200 多名青年校友参加了会议。会议选举高文同志为北京青年校友会的会长，冯健身同志和我为常务副会长，王勇、马兴瑞、宋亚晨、方滨兴为副会长，马振东为秘书长。

关于青年校友会与老校友会会员年龄的划分，明确青年校友为 70 年代后在哈工大学习与工作的人。粗略估计，当时北京大约有 8 000 名哈工大青年校友。我们提出北京青年校友会要充分考虑青年校友的实际需求和现实情况，以活动为中心，多搞体育、文化和科技交流方面的活动。充分考虑青年校友初到北京人地生疏的情况，多推动校友之间的交流和互动。于是，马振东他们就策划了登蟒山活动。

2001 年 4 月 22 日，青年校友会举办了第一次登蟒山的活动。马振东秘书长提出了一个口号，“怀念不如相见，健康成就未来”。主要是考虑到大家平时工作强度都非常大，生活、学习等方面压力也很大，登山活动有助于保持健强的体魄，又能加强校友之间的联系。因此青年校友会确定在每年四月的最后一个周末举行登蟒山活动。

第一次登蟒山，杨士勤校长、李生书记都参加了，杨士勤校长讲话，李生书记发令起跑。杨士勤校长和李生书记在蟒山的山顶长廊处给优胜者颁奖。第一届有一百三四十人参加，然后这个活动延续了十七年，高潮的时候有四五百人同时攀登，哈工大旗帜漫山飘扬。春季登蟒山成了北京校友会的一个品牌活动。

为了给校友提供一个沟通、交流、活动的场地，在崔学海等校友的努力下，北京青年校友会建立了一个活动基地。这个基地离地铁八号线霍营站有五六百米。最初是一排平房，后来扩建到将近 2 000 平方米。基地的建立为北京校友会的活动提供了一个相对固定的场所。在这个基地，我们举行过多次迎新生的活动，杨士勤校长等主要领导同志都参加过，杨校长还为基地题过字。这个基地也成为我们每年登蟒山活动的一个集结地点。

为了更好地组织各个院系的活动，院系的分会开始陆续组建，这其中最活跃的应该属电气分会。电气分会 2007 年开始，每年都组织活动，搞得丰富多彩，随后各个院系也开始陆续跟上。

在 2008 年前后，杜军、刘志硕、朱彤、王昕竑等人看到一些校友在创业，做得很艰苦，萌生了做点实事助力校友创业的想法。当时还没有“双创”这个词，并且“创业”听起来似乎不是哈工大主流人群的主流行为。但借鉴我在亚杰商会的实践，我们组建了哈工大校友创业俱乐部，以导师帮扶的方式，即成功的企业家义务帮扶创业的青年企业家，逐渐形成了一对一、一对多、多对一等创业帮扶的模式。这种帮扶的活动已经开展了十届，首批学员只有六七个人。到今天想成为哈工大创业俱乐部学员，竞争非常激烈，几十选一。

几年之后我们看到了一些创业企业在茁壮成长，但新的矛盾又出现了，就是投融资的问题。我们又推动成立了丁香汇，即哈工大校友创业基金，首期基金规模 6 000 万元，五年前建立，投资了 15 个哈工大校友创业项目，投资的效益和效果都非常不错。我们又在构思哈工大校友的创业帮扶体系。这个帮扶体系包括导师制的结对帮扶、丁香汇创业基金，也有帮助校友补齐短板，比如在营销上的短板、财务上的短板、公司日常运营组织上的短板，减轻负担，提供共性服务，为创业校友雪中送炭，保驾护航。

三、接棒

2010 年，在张管生、海锦涛、刚杰、王立臣等老师的多次动员和精心安排下，我、白秋晨和于明等开始接棒北京校友会的工作。2011 年 11 月 7 日，韩杰才副校长主持仪式，王树国校长发聘书，任命我为哈工大校友总会副会长，担任这一职务的除我和深圳校友会会长张思民外，均是历任校领导。

大家都觉得北京校友会做得挺好，现将校友会的情况总结一下。

首先，它已经形成了一个有活力、有弹性、多层级的网络化组织体系。我们大致统计了一下，北京校友会有 100 多个校友会分会和活动组织，有的是以院系为单位，有的是以年级为单位，有的是以兴趣为单位，比如以长跑、登山、打高尔夫球为主要活动内容，还有为单身校友介绍对象的。近几年，又有各种各样的创业帮扶活动，按照行业做了细分，形成了行业组织。我们一直坚持多层次、多圈子、多中心、多元化，只要是校友的正当需求，不管谁有积极性，我们都支持。开放、包容、善意、建设、多元已经成为北京校友会的文化。

其次，目前北京校友会的活动已经形成了自己的品牌。比如说，坚持了十七年的“蟒山之春”登山活动，每年的迎新活动已持续了十年。还有每年的新年联欢会，一年比一年热闹，很受广大校友欢迎。同时，北京校友会中的各级组织的活动更是丰富生动、精彩纷呈。

第三，北京校友会成为相对稳定并且有一定威信的团队，我们这批人本着开放、包容、善意、建设的心态来参与和推动校友会的工作。我一直讲，校友会要的就是一份情感，这是一种对母校的感念，对校友的关怀，没人给我们开工资补贴，没人给我们评级别职务，完全就是一腔热情、一份责任、一份爱心、一种奉献。

第四，北京校友会形成了依托现代信息技术的组织体系和活动体系，同时我们也比较好地解决了经费来源这一难题。过去十几年，北京校友会募集资金数百万元投入活动。刘志硕、白秋晨等校友做了很大的贡献。

北京校友会过去取得的成绩，很重要的原因是校领导重视加上北京的地缘优势。北京地理上是国家的首都，是政治、文化、交往的中心，是三个校区的中心，是哈工大一校三区校友会聚的中心。国内外的校友都在北京会聚。北京又是哈工大校友最集中的城市。哈工大百年历史，现在有大约 30 万名校友，其中 5 万多人在北京。因此北京成为哈工大校友会客观上的一个中心，应该做些其他地方有共性需要又不便牵头的事。我们的品牌活动校领导都出席，好多还是不止一次地出席；我们的春晚、登山活动和迎新活动，校友办公室、校办都很支持，每次都有学校的主要领导到场介绍学校的发展情况。

要说北京校友会工作的不足，一是覆盖面还不够广，因为北京校友在全国是人数最多的，有 5 万多人，而我们的活动覆盖也就在 1 万多人。二是现代化的网络信息工具和宣传手段使用得不够。与世界一流大学的校友会相比，我们差距巨大。

四、对校友会工作的思考

首先，校友会是一个非政府组织，国际上称为 NGO。这个组织的特征是弱联系和相对松散。因此在校友会里就不要谈“紧密团结”，应该是松散地聚集在校友会周围。校友会与校友的关系是大家高兴，活动搞得好，他来跟你玩；活动搞得不好，他不跟你玩。对于个别的我们觉得不合适的校友，最多就是不带他玩，不喊他玩而已。校友会这样一个松散的特点也就决定了它的组织体系是多层次、多圈层、多种积极性的。我一直倡导的一个说法是只要是校友有需求，只要是对大家好的事情，我们都支持。校友会这样的组织特点又决定了从事校友会工作，想成为校友会的骨干，最重要的是有热情、有奉献精神、要靠谱，不能太较真，不能“卖私货”，不能求全责备。我对北京校友会还提出一个原则，我们要守住底线，即“三不”：不挣钱、不违法、不涉政。在守住底线的基础上，活动形式百花齐放、百家争鸣，参与人员的积极性越高越好。校友会的活动要有“两有”——有意思、有价值。有意思即你组织的活动要喜闻乐见，要符合大家的需求，起码满足一部分校友的需求。有价值就是在有意思的基础上进一步升华，我们推动的校友创业就是既有意思，又有价值。

其次，我对校友会工作有一个理念：学生是一所大学的产品，大学应该对这个“产品”终身负责。在今天的体制下，让哈工大对毕业的几十万校友终身负责，这是有一定难度的。校友会应该承担部分这样的责任。我们无法对所有的校友终身负责，但对一些相对优秀的、有培养前途的或有现实困难的这两端的校友，应该承担起一定的责任。年轻人的成长，刚上路的时候最需要帮助，需要有人指引方向、提振气势、消除挫折、强化信心。人才的成长，“精养”与“散养”是有很大差异的。所谓精养，是一个有培养前途的年轻人在一个特殊的群体的有意识的引导、支持、培养和刺激下，能比较快速健康地成长。相反，如果完全靠一个年轻人自然的、自我的成长，相对而言成才的概率就比较低。有目的地培养，当今最精彩的一个例子就是美国黑人总统奥巴马。奥巴马就是在三四十年前被美国民主党的精英看中、培养，他们意识到三四十年后美国会出现一位黑人总统，因此他们培养了若干个像奥巴马一样的年轻人才，最终其中一个成长起来。这件事情给我们很大的启示。在校友的终身培养、扶持上，清华大学做得非常好。在过去二十几年我不止一次陪同哈工大的校领导与清华大学的主要校领导进行交流。我们清晰地看到清华大学把他们优秀的校友推送到政治、经济、军事、学术等大领域，给予持续的帮助。这样明显提高了学生成才的概率。这也是我和北京校友会的同事们愿意付出这么大的心血与精力，推动校友会工作的重要原因。

我女儿曾经问我：“你为什么对哈工大这么来劲？”是啊，我为什么对哈工大有这么深的感情？

我想是因为人是有感情的动物，而是否有爱恨情仇是人与动物最大的差别。所有的这些情感中，爱是最神圣、最高尚、最持久、最深沉的。爱是人的精神生活的最高境界。爱是要有载体的，可以按照时间、空间和参加人的维度分类。我们可以爱自己的家庭、家族、社区、家乡、国家乃至全世界。如果按照时间轴看，我们可以爱自己的幼儿园、小学、中学、大学、工作单位、退休的社区；按人群多少看，我们可以爱三两个人的家庭成员、几十人的单位同事、几百人的老乡、十几亿的国人，大到全人类。所以我们沿着这三个维度去观察、搜索会发现，可能在我的人生中，大学生活，也就是在哈工大的生活，是最灿烂、最瑰丽、最深刻的一段记忆。因此，我们对母校的爱最为深沉、热烈、持久。

我们十七八岁到二十几岁时，在世界观将要形成却还没有形成的这样一个特定的阶段，历经十多年勤学后，因为高考对命运的洗牌而聚在了一起，开始了大学的四年生活。大家智商相近，或是价值观相近，或是志趣相投，平常朝夕相处，吃、住、行、学、玩几乎都在一起，产生了非常深厚的同学情感。严苛艰苦的学习，提升了我们的思维能力。读艰深晦涩的书并竭力钻研、探索，这个过程就叫学习，也叫成长。而大学就是这种学习成长强度很大的一个阶段。所有的人都对复习、考试有过非常深刻的记忆，特别是那些难度比较大的科目。不论是考试不及格挂了科、还是通过努力取得了优异的成绩，这些事情都会在人心目中留下非常深刻的印象。同时，大学同学、师生的关系基本没有利害冲突，而这些人今后又多有事业交集，这就是大学为什么给人以深刻记忆的最重要原因。

通过大学这一阶段的学习，我们形成了共同的文化基因和集体人格。对哈工大而言，就是我们的校训："规格严格，功夫到家。"铭记责任，竭诚奉献的爱国精神；求真务实，崇尚科学的求是精神；海纳百川，协作攻关的团结精神；自强不息，开拓创新的奋进精神：这些都是哈工大精神的内核所在。经常听到有人说哈工大的学生普遍比较踏实、实干、专业能力强。我概括就是聪明、实在、听话、出活。特定的文化基因，形成了我们哈工大毕业生所独有的特色。当然哈工大的文化基因也不是十全十美，也需要与时俱进，不断优化和完善。比如哈工大的文化基因中或许少了一点发散性、创造性和容错思维，这种思维在当今市场经济环境下是非常重要的。

我们通过大学四年的学习，形成了一个同学、校友的圈子。这样的圈子对于我们一生都将有很大的影响。幼儿园也有同学圈子，小学也有同学圈子，但是那个环境中的同学以后的人生轨迹基本各不相同，在今后的事业中交汇、合作的可能性远远小于大学的同学圈子。另外，校友这个圈子是大家一生中都经常会碰到的圈子。市场经济有一个很重大的特征，即人与人之间合作最大的成本就是信用。校友圈子合作的信用成本最低，而失信违约的成本会非常高。因此，校友这个圈子将会构成我们所有人今后几十年工作生活中的重要价值因素。

此外，我们会形成母校情结。母校情结体现为哪些元素？第一就是归属感。我们初入社会，第一次跟别人接触的时候，往往因为自己母校给人家留下第一印象，就像一本书的封面，而我们是这本书一页一页的内容。而"哈工大"这本书里的精彩内容可谓是数不胜数，比如说航天系统大概有几万哈工大校友，多位哈工大人成为航天功臣和领军人物，如孙家栋、栾恩杰、马兴瑞、许达哲……航天一直与哈工大的名字产生着这样那样的联系，这是我们的华彩乐章；也可能某一节很漂亮，比如说 IT 行业，院士高文、方滨兴、怀进鹏，软件专家李明树、程旭等。所以我一直讲，母校是我们骄傲的来源、自信的来源。同时，我们每一个人的成就也给母校增添着光彩。

再有就是对母校持久的荣誉感。哈工大的每一点滴进步都构成了我们的荣誉感。母校哪一年评了几个院士、母校搞了个大项目、刘永坦先生获国家最高科学技术奖、学生发了个小卫星、母校在高校排名中进步了一位等，都会成为我们荣誉感的来源。而与荣誉感相对立的就是羞耻感。母校也并非十全十美，但是母校的是是非非，我们哈工大人自己坐在一起怎么评头品足大家都没意见，毕竟心系母校的发展，但是其他的人如果说哈工大如何如何不好，显然我们内心都会不太是滋味。

所有这些对母校的情感、依恋可能会固化在一些很小的细节和画面上。我们可能都会记得食堂的一些细节，比如某个漂亮的女炊事员、某位慈祥的大叔或大妈、某道精美的菜肴。也会记得宿舍，甚至在某某门上、床上做了什么记号。这样的细节都是母校在我们心中留下的独有印记。同时，关于哈工大的所有美好的细节很多人会把它聚焦在丁香花上。我们校友会的若干个组织都是用丁香做名字，如丁香会、丁香创投等，这就说明大家都把丁香花作为哈工大美的一种聚焦和象征，因此我在纪念入学 40 年的长诗中这样结尾：“如烟往事皆淡去，难忘校园紫丁香。”

当然，母校情结还有一点好处，它有一定的自由度，非强迫。不像小尺度的爱有一定的约束和强迫性。因此我讲，对母校的爱不大不小、不远不近、不松不紧。如果这种爱太大了，如全人类之爱，这就太泛泛了。如果就讲爱家庭，爱妻子，尺度又太小。太小、太近，有时可能会产生审美疲劳。而对母校这种爱，不大不小，不远不近，可以多投入，也可以少投入，没有人指责你，自由度比较大。所有这些对母校的爱就构成了我们精神生活中一段非常美好的华彩乐章。

五、结语

哈工大校友会的工作已经成为我个人生活的一部分，我每周至少有一两个单元时间参与和校友相关的工作和活动，应该说，校友会的工作已经成为我个人最主要的交往方式、生活方式和情感寄托。

长江后浪推前浪，随着 80 后、90 后校友陆续到来，北京校友会的结构又在发生变化，我们也在做着交班的准备。在 2018 年 12 月 24 日哈工大北京地区校友会工作会上，当选的六位副会长中有三位是 70 后，秘书处更是由 70 后、80 后担纲。朱彤、刘志硕、吕红军等将在不久后主持北京校友会工作，他们肯定青出于蓝，能比我们干得更好！哈工大北京地区校友会将会越来越红火！

熊焰

目 录

2 校友会的重要活动

新时期的校友会活动　207

1

校友会的成立和早期活动

北京地区校友会活动综述

时间过得真快，转眼之间，哈工大北京地区校友会从成立到现在已经33年了。这期间正是我国改革开放的时代，北京地区校友会也是随着中国发展的步伐向前迈进。本着校友会成立的宗旨（加强校友与母校之间的联系，为母校的发展贡献力量；加强校友之间的联系，增进友谊，加强团结；交流信息，开展科技咨询，促进科技经济合作，为北京地区经济振兴、科技提高、人才培养，为中华民族的富强贡献力量），在母校和校友总会的领导下，在各方面的大力支持下，主要开展了以下几方面的工作。

一、召开了十几次大会

我们除召开成立大会外，还召开了十几次大型会议，包括“哈尔滨工业大学北京地区校友会春节联欢会”。每次开会哈工大都有校长或书记参加，介绍母校的发展和取得的新成绩，重点介绍科研成果和教育改革的成绩。这种大会一般都有一两千人参加，声势浩大，宣传性强，让校友了解母校的飞速发展，并深受鼓舞，为母校的进步感到由衷的高兴。同时，校友欢聚一堂、交流信息、畅叙友情，加强校友之间的团结。

二、协助母校组织或参加活动

1998年4月18日我们受学校委托在航天工业总公司二院协助校友总会召开了“哈工大全国校友工作座谈会”。1999年7月10日组织校友参加在人民大会堂二楼会议室召开的“《润物无声》（纪念高铁校长专集）出版座谈会”。1999年8月支持学校来人到京进行采访，1999年协助学校收集两院院士资料。1999年11月14日组织校友参加在国务院第一招待所召开的“国防科工委、教育部、黑龙江省重点共建哈尔滨工业大学协议签字仪式”。协助学校举行宣传母校成绩的《走进哈工大》图书的首发式。2001年7月航天一院校友参加接待“心系航天，献身中华”夏令营的62名哈工大师生。

三、校友关心、支持母校的发展和建设

1994 年 12 月 11 日我们在北京机电研究所召开了“哈工大‘211’工程北京校友座谈会”，校友踊跃发言，提了很多好的建议，如加强思想教育，在学校多发展党员，开启广阔前进之路。2004 年 11 月我们转发了哈工大校长、哈工大校友总会会长王树国给校友们发来的一封信——“关于设立‘校友爱心奖学金’给校友们的信”和《关于设立哈尔滨工业大学校友爱心奖学金的若干意见》，要求大家按母校的要求，积极行动，尽力而为，办好这一件事。广大校友积极响应，捐款助学，据不完全统计，北京校友捐款达 196 688 元。2005 年 5 月，为了继承和发扬哈工大优良传统，集中展示哈工大发展建设中的丰硕成果，哈工大党委决定建立“哈尔滨工业大学博物馆”。学校筹备组征集学校发展史的重要史料、实物（文物），包括校友的业绩和获得的重大奖项的证书和奖品等。我们转发了这项通知，并积极协助征集资料，提供征集线索。很多校友积极捐赠，受到好评。

四、组织校友参加校庆活动

75 周年校庆时，我们组织校友回校参加学校的庆祝活动。

2000 年，准备 80 周年校庆活动是我们校友工作中最为繁忙、最有意义的工作。哈工大北京地区校友筹备、印制了一套纪念品，由六枚校友纪念章、两枚校徽和一枚新设计的玉龙纪念章组成，放在精致的盒内，里面还有李生书记和杨世勤校长签名的“献词”。这套纪念品象征庆祝 80 周年校庆和玉龙腾飞，具有历史意义和珍藏价值。另外，经反复讨论，确定采纳李树毅的建议，敬送母校两块金匾，每块匾长 4 米，高 2 米，红木做底，雕刻凸字，上面有著名书法家刘炳森题写的“钟灵毓秀”和“百世之师”。金匾安置在母校图书馆大厅内。

北京各单位校友也积极行动。航天科技集团一院校友送给母校一套 10 个我国生产的火箭模型，最高达 3.4 米；502 所校友送给母校一面锦旗。王发塘等校友筹备一本相册，包含冯仲云、陈康白、李昌、高铁共四位校长的工作和生活照片，送给母校珍藏。北京青年校友分会敬送母校一个“一帆风顺”的玉雕。

北京校友还组团返校，有 113 人一起乘车回哈参加校庆活动。我们高唱时代的凯歌，欢庆盛大庆典，歌颂母校辉煌的过去，赞美母校灿烂的未来。

2005 年 6 月 5 日在中彩酒店举办“庆祝母校建立 85 周年大会”，并发贺信。

五、建立分会和支持校友组织的活动

1995 年 3 月 19 日我们支持北京机电研究所召开了“哈工大老校友联谊会”，1999 年 9 月 18 日支持在北京化工学院会议室召开的“北京地区 49 级老校友联谊会”，2001 年 9 月 15 日支持在北京松麓饭店召开的“哈工大机制 57 级同学毕业 40 年纪念会”。我们到会祝贺，并赠送资料和纪念品。

2003 年 7 月 22 日哈工大北京地区校友会发出成立分会的通知。北京地区哈工大校友众多，人员分布广，开展大规模活动困难，

希望按专业、按年级进行活动。在发通知前，就有49级老校友活动。2000年哈工大和哈建大合并，两校的北京校友会也随之合并。哈工大暖通燃气专业北京校友会，于2002年10月2日在新大都饭店举办了第一届校友会，128位暖通行业的精英聚首，以后陆续召开了十几届校友会。

我们先后成立了老校友合唱团、建材分会、电气分会、计算机分会、土木分会、理学院分会、汽车学院分会、会计专业分会、机电学院分会、能源学院分会、法学院分会、管理学院分会、材料学院分会、交通学院分会、建筑学院分会、威海分会、市政学院分会、校友活动基地、校友创业俱乐部、环保产业联盟、医疗健康联盟、教育联盟、大数据联盟、金融校友俱乐部、军民融合创新研究院、户外俱乐部、天一户外俱乐部、跑团俱乐部、足球俱乐部、篮球俱乐部、羽毛球俱乐部、高尔夫球俱乐部、书画俱乐部、禅茶社、幸福对对碰等39个分会和社团。幸福对对碰已为众多校友成功牵线，在校友圈中颇有名气。2009年9月6日举办首届哈工大校友婚礼，有三对校友喜结良缘。

六、宣传了校友的成绩，为母校增光

2003年12月29日在北京友谊宾馆召开的“庆神五成功 哈工大校友新年联谊会”上，请参加“神五”工作的杰出校友代表许达哲等三人出席并接受献花；2008年1月5日在航天部二院礼堂举行的“新春联谊会”上，我们邀请获得国家奖励“两弹一星功勋奖章”的孙家栋出席；2019年3月16日在雁栖湖国际会展中心召开的哈工大北京校友会“新春联谊会”上，播放获得2018年度国家最高科学技术奖的刘永坦的视频。

在《工作简讯》和《南岗之友》中介绍了校友的优异成绩，如见过列宁的任栋梁老校友和多位中国科学院与中国工程院院士，深圳的张思民、长春的耿昭杰、北京的王峻涛等，这些校友的杰出成绩大大鼓舞了其他校友，也为母校增添了光彩。

七、开展经济技术合作、交流信息

在校友聚会时我们组织科技成果介绍，如1997年5月18日在北京市西三环中路7号召开了“北京青年校友座谈会”，校友们在会上介绍了自己公司的情况，开展合作的项目，并当场订购黑加仑饮料；1999年2月5日在怀柔集贤山庄召开的会议上介绍了原子防伪技术；2001年9月15日在机制57级校友会议上对中央液态冷热源（供暖供冷）系统进行了研讨。校友在见面时探讨技术问题更是比比皆是，特别是专业分会组织的聚会上，更是专业对口，交流更方便。这有利于校友们开阔眼界、启发思路、交流经验、吸取教训，帮助校友早日成才、发展事业。

八、编写资料

我们编写了三册《校友名录》，第一册是在1989年5月印发的，收录了2 028名校友的情况；第二册是在1997年11月印发的，收录了2 336名校友的情况；第三册是在1998年11月印发的，补充了612名校友的情况。还针对会议编写专集，里面包括的名录有：

（1）《友谊地久天长》，这是2001年9月15日在北京松麓饭店召开的哈工大机制57级同学毕业40年纪念会专集，有84人的名录，于2002年3月印发。

（2）《携手迎春共创辉煌》，这是2002年12月22日在国宏大厦召开的新年茶话会的专集，有358人的名录，于2003年1月印发。

（3）《迎新年联欢　庆神五成功》，这是2003年12月29日在北京友谊宾馆召开“庆神五成功　哈工大校友新年联谊会”专集，有469人的名录，于2004年8月印发。

（4）《近年哈工大北京地区校友参加活动人员名录》，这是参加2004年9月11日至2005年6月5日四次会议的校友名录，共有454人，于2005年10月30日印发。

（5）《哈工大北京校友2008年新春联谊会参加人员名录》，这是2008年1月5日在航天二院礼堂召开的新春联谊会专集，有664人的名录，于2008年3月15日印发。

专集的印发，让更多的校友了解会议情况，名录为校友联系提供了方便。专集里面有领导题词和活动图片，保存了珍贵的历史资料。

编辑印发了两册哈工大校友通讯——《南岗之友》，分别在2000年1月和12月由亿阳集团赞助印发。还编印了35期《哈工大北京地区校友会工作简讯》（从1999年4月24日到2006年12月12日），分发给单位负责人和联络员。

这些资料的编写印发工作由副秘书长杜焕生负责，北京工商大学的韩梅林、清华大学的孙金龄等协助。

总之，通过这一系列的工作，宣传了哈工大的成绩，让校友了解哈工大的发展，为母校的发展起到了促进作用。通过开会发言、书刊介绍，使校友深入了解哈工大的历史和取得的成绩，看到哈工大日新月异的变化，特别是改革开放以来的令人瞩目的成绩，尤其是校庆时回去一看，让人感到今非昔比，成绩斐然，使人欣喜异常，更加热爱母校，愿为母校的发展献计献策，增加了凝聚力。许多校友为母校自豪，给学校教学和发展提出宝贵建议，如机械科学研究院原院长海锦涛向学校提出“哈工大应加强在北京的宣传和发展”，有的校友为哈工大的项目牵线搭桥。同时，加强了联系，增进了友谊。许多同学和老师在离校多年以后，经过多次工作调动，家庭搬迁，失去了联系，通过组织的校友活动或用《校友名录》找到昔日师友，重温旧日情谊，畅叙别后情况，共同为哈工大的兴旺发达欢欣鼓舞。会见老朋友，结识新校友，拓展人脉，扩大交流，增加友谊。

2000年3月15日在北京银泉大厦举办“哈工大北京地区青年校友分会成立大会”，通过了《哈工大北京地区青年校友分会章程》和“哈工大北京地区青年校友分会首届组织机构成员名单”。哈工大北京地区青年校友分会从2001年4月22日组织首届“登山比赛”以后，每年4月下旬都在昌平蟒山举办登山比赛活动，坚持了十多年，参加的人数由开始的一两百人发展到四五百人。通过登山活动，校友锻炼了身体，加强了联系，增进了友谊。每年春天的登山比赛，已经成为北京地区青年校友的一个期盼，成为北京校友活动的“金字招牌”。2005年11月26日在昌平区回龙观镇霍营举办了“哈工大北京校友活动基地”揭幕仪式，青年校友分会在2006年首次举行迎新生活动，以后每年进行。北京地区青年校友分会在活动中成长，2006年12月10日在北京霍营召开“哈工大（北京）校友活动基地周年庆典暨哈工大（北京）校友会办公室成立大会”。

2009年9月6日下午朱育理宣布成立新机构，秘书长由熊焰担任，张管生担任名誉秘书长。由此，完成了新老交替历史的转换，以后在新的校友会领导下谱写新的篇章。

光阴荏苒，岁月如歌。这歌是赞美改革开放的时代颂歌，是歌颂祖国一日千里发展的赞歌。这歌是母校情、师生情和校友情的真诚表白，是成长的青年、奋进的中年和幸福的老年的真实写照。这歌声沁人肺腑，感染大地，永传后世。

下面按时间顺序，逐年叙述活动情况。

北京地区校友会的酝酿与筹备

1985 年初，彭云书记到北京，刚杰和杜焕生前去拜访。说起各地正组织成立校友会，彭云书记就说：“北京就由刚杰组织吧。”因为刚杰在校是哈工大学生总会副主席，又和彭云书记一起工作过，得到彭云书记的培养和信任。刚杰表示工作太忙，怕承担不了。彭云书记就说：“杜焕生可以干呀，焕生文笔好，内秀。”这就是事情的缘起。

1987 年 4 月 3 日，杜焕生收到哈工大校友总会来信，信中委托张管生、孙琦霄、杜焕生等人组建“哈工大北京地区校友会”。学校还派人来联系，介绍在京哈工大校友担任负责人情况并提出一些可参加校友会工作的人员名单。这时，各地也开始成立校友会，天津于 4 月 29 日、吉林于 5 月 2 日成立了哈工大校友会。当时张管生担任北京轻工业学院副院长，1955 至 1979 年在校，锅炉专业，对学校比较熟悉。孙琦霄在国防科工委训练部担任副师级研究员，1947 至 1959 年在校，电力专业，对军队情况比较熟悉。杜焕生担任《中国机械工业年鉴》编辑部副主任，1957 至 1962 年在校，工程力学专业，工作中与各部委联系较多。又找了热心校友工作的李树毅和海锦涛等一起筹备。李树毅曾担任国家经委质量局局长，之后担任中国饲料工业协会副会长，1949 至 1975 年在校，机制专业，先后担任机械系党总支书记和校科技部部长。海锦涛当时担任国家机械委北京机电研究所副所长。1958 至 1963 年在校，锻压专业。就这样，这几个人就担负起成立北京校友会的筹备工作。

筹备工作主要有三方面：

一是尽快建立校友联系网络。在校友集中的大单位选出联络员，条件是身体健康，有奉献精神，愿意为大家办事，能联系和团结校友。

二是与母校联系，研究提出校友会组成人员名单，包括名誉会长、会长、副会长、秘书长、副秘书长、理事。

三是准备召开成立大会。在这些条件成熟后择机召开成立大会。会议的筹备工作要做好分工，落实到人。通过联络员和各种渠道广泛联系，希望更多校友参加成立大会。

张管生回忆校友会的缘起和确定会长的经过。

众所周知李昌老校长离休之后并没有休息，他一直在忘我地工作，努力发挥余热，并且十分关心哈工大的发展，所以经常有一批在京哈工大的校友聚集到李昌校长在北京东城的东总布胡同家中商讨一些工作，后来人员多了，就把他家的地震板房当成李昌的“办公室”“会议室”。更重要的是哈工大在杨士勤校长的主持下也有了很大的发展，特别是1985年发展迅速、影响扩大。因此，国内有20多家省、市校友会先后成立。而北京当时校友最多（2 000多人），分布最广（中央单位、地方、部队、厂矿、学校等都有），层次最全（从中央、省部、司局级到各行各业、各部门各单位领导及科教人员到科级管理人员等），跨度最大（从1933年到1987年跨越50多年），急需成立校友会，但难度极大。于是杨士勤校长专门拜访了李昌老校长，请他出面牵头研究解决成立北京校友会之事。

记得1985年的一天，在东城区东总布胡同李昌老校长家，老校长聚集了一部分人研究成立北京校友会之事。他提出首先要确定谁担任会长，然后再说其他问题，他又说他担任会长不合适，应另选别人。他建议请兆国同志出任会长，并委托我去找兆国同志，因我与兆国不仅有师生之谊，而且有患难之情，我欣然领命。在一个风和日丽的夏日我去兆国在西城区三里河的家中谈及此事，兆国斟酌再三提议再找一个更合适的人选，他有些不便出面。我将兆国的意见报给老校长，又经过一段酝酿，有人提议可请当时担任冶金部部长的戚元靖老校友担任会长。于是，在约定的一天，我陪李树毅（时任国家经委局长，原哈工大党委常委）、裴潮（时任央企董事长）两位老校友到王府井北口隆福寺对面的冶金部大楼部长办公室会见了戚元靖同志，说明来意并再三表示这是老校长等人的意见和广大校友的企盼，他虽然工作很忙，最终还是表示愿意担任校友会会长。

至此，校友会的成立经过相当充分和较长时间的酝酿开始进入准备阶段，这一阶段的主要工作是就校友会的名称、宗旨，校友会的组织架构，校友会的活动经费，校友会的正式成立等问题的酝酿和探讨。

鉴于在北京的哈工大校友分布广，涉及部门多，住地分散及周围地区尚未建立校友会，故一致同意将校友会定名为“北京地区”校友会而非北京校友会，同时考虑到与哈工大校友总会的隶属关系与联系，所以正式定名为哈尔滨工业大学北京地区校友会（而非北京哈工大校友会）。

与此同时，根据李昌老校长的建议，应继承和发挥哈工大的特点及优势，以教育、科技、管理、人才等主要手段，为社会主义建设做贡献，为母校哈工大服务，为哈工大校友服务。

考虑到校友人数众多，住地分散，层次、结构、服务单位复杂，故对校友会组成采取松散的软联系，不搞常设机构，只组建工作班子——秘书处；几位在京的哈工大原校领导担任名誉会长；副会长人数不限，尽可能广泛，只要能联系并同意担任的均可列为副会长，特别提出的是20世纪20年代的老校友，如见过列宁的王竹亭也成为副会长。凡是曾在哈工大学习、工作过，包括在夜大学学习的同学、老师、工作人员都是哈工大校友会的自然成员，不另搞登记注册。并动员大家广泛联系争取更多的校友参加校友会的活动，这一做法逐渐发展成为联络员制度。

对校友会的活动经费，经多次讨论、反复协商，最后一致同意不采取收会费的硬办法，而采用志愿的软方式，采取支持、赞助和捐款等有钱出钱、有力出力的模式，工作人员一律无酬金。回想校友会成立大会除了校友少量捐款外，主要是社会赞助，例如时任北京锅炉厂副厂长的龙潮校友，代表北京锅炉厂就做出了很大贡献。

至此，校友会的机构、运作机制基本明确，准备工作告一段落，转入校友会成立的筹备工作。

与此同时，仍在哈工大并曾担任党委副书记的彭云同志也找到了刚杰、杜焕生校友，请他们参与校友会的筹备工作。

1987年11月29日
哈尔滨工业大学北京地区校友会成立大会

1987 年 11 月 29 日在民族文化宫召开了“哈尔滨工业大学北京地区校友会成立大会”。会议由张管生主持。李昌、高铁、宋敏之、马大猷、周一萍、戚元靖等到会并讲话，刘忠德、李树毅等参加了会议。哈工大校长杨士勤到会祝贺，并展示了学校的发展。会上宣读了外地校友会的 19 封贺电、贺信。李昌在讲话中指出：建立校友会的宗旨，是加强校友之间、校友与母校之间的联系，增进友谊，交流信息，开展科技咨询，加强科技经济合作，共同为母校的发展，为经济振兴、科技提高、人才培养，为中华民族的富强贡献力量。还对哈工大的发展提出了建议。参加会议的校友有 1 600 多人。年纪最大的校友是 86 岁的刘唐领教授（1933 至 1935 年土木专业）。会议通过了《哈工大北京地区校友会章程》和《哈工大北京地区校友会首届组织机构成员名单》，选举了戚元靖为哈工大北京地区校友会会长，张管生为秘书长。最后，大家与李昌校长合影。

1985 年初，我们当时搜集到 430 多名校友的登记表，预定会场时，订了可容纳 700 人的民族文化宫正厅，可是到的校友太多，连侧厅也开放了。登记的校友有 1 400 多人，加上没登记的，有 1 600 多人。学校带来的 1 000 枚纪念章很快就发完了。许多校友离校多年，同学之间经过机构变动，工作调动，联系已中断。这次参会的校友异常踊跃，1 600 多位校友会聚一堂，畅叙友情，见到了师友，知道了母校的发展，特别高兴，纷纷留影，会场充满了亲切热烈的气氛。

集体合影

刘忠德、杨士勤、李树毅

李昌、宋敏之、周一萍

马大猷、高铁

李昌和校友握手

周一萍

刘忠德

张管生主持会议

张管生讲话

戚元靖讲话

海锦涛讲话

校友讲话

杜焕生宣读贺信

戚元靖和杨士勤

李树毅、张管生和海锦涛

青年校友（一）

青年校友（二）

青年校友（三）

青年校友（四）

与李昌校长告别

校友合影

哈工大北京地区校友会第一届组织机构成员名单

（1987年11月29日通过）

名誉会长：李　昌　高　铁　宋敏之　马大猷　王竹亭

会　　长：戚元靖

常务副会长：林汉雄　裴　潮　李树毅

副 会 长：（按姓氏笔画排列）

王加璇　刘美生　朱育理　苏六也　郑舜青　夏德钤

唐津安　商燮尔　黄　林

秘 书 长：张管生

副秘书长：海锦涛　杜焕生　张壮飞

附：在哈工大北京地区校友会成立大会上李昌讲话稿

同志们：

今天参加大会的有不同层次的管理和技术岗位的一千多位校友，真是人才济济、胜友如云。一花报春，这次会议反映了我们国家社会主义现代化建设的兴旺发达，反映了我国高等教育的兴旺发达，也反映了在党和国家教委、航天工业部领导下，在杨士勤校长等校领导主持下哈工大的兴旺发达。这次充满热情和欢欣的大会，对我们老中青三种年龄的校友都是巨大的精神鼓舞。

我想校友们聚集在一起，不仅是为了了解母校的情况，交流信息，更重要的是发扬哈工大的优良传统，即遵循祖国要求，走学校（单位）发展和个人追求相一致的道路，艰苦奋斗，团结互助，建功立业，为人民做贡献。我祝愿校友们本着这个传统，在各自岗位上做出新的业绩，我们校友之间的战斗友谊得到与日俱增的发展。

党的十三大确定了我国经济发展战略，把发展科学技术和教育事业放在首要位置，而我国又处于社会主义初级阶段，人财物的投入都有一定的限度。我们校友会聚集着这样多的人才，是可以开展多方面的社会工作的，比如组织科学技术的咨询服务；参加大学的函授教学，回母校讲学和介绍工程建设的新经验；尽最大的可能，用各种方式支援母校和兄弟院校的发展等。我们常说，集腋成裘，哈工大和其他院校的校友组织起来，开展业余的社会服务，这支科技力量将是推进我国社会主义建设事业的一个动力。

杨士勤校长谈到同清华大学、上海交大、西安交大、浙江大学等相比较，哈工大的成就和不足之处。我觉得哈工大既要和兄弟院校友好合作，又要相互竞赛。但更重要的是要和兄弟院校紧密团结，同世界各国著名的工业大学，如美国的麻省理工学院、加州理工学院，苏联的鲍曼和列宁格勒工业大学（现名圣彼得堡彼得大帝理工大学）等相比较。既学他们的长处，又敢于同他们争胜比高，看谁更能为自己的国家培养更多的优秀工程师和学者，树立和发扬勤奋钻研、务实创新的优良校风，做出有利于人民和物质文明的创造发明，并衷心支持全球和平共处和共同发展。我国社会主义改造完成后，经济上赶上发达国家的百年长征中，具有现代科学知识的高等院校的师生和校友们，应该站在光荣的前列！

附：在哈工大北京地区校友会成立大会上戚元靖会长讲话稿

大家盼望已久的哈尔滨工业大学北京地区校友会今天召开成立大会，这是一件大喜事，我表示热烈的祝贺，对各位来宾表示热烈的欢迎和衷心的感谢。

今天，来自四面八方的校友欢聚一堂，有1933年入学的老校友，也有刚毕业的80年代的青年；有在中央工作的领导同志，也有在祖国建设中勤勤恳恳工作的一般群众；有教授，也有工程师、技术员；有离退休干部，也有战斗在第一线年富力强的身负重任的同志。在这里，畅谈我国“改革开放”所取得的巨大成就，交流各种信息，叙旧情，话友谊，共同回忆在校的美好时光。有的校友离校几十年了，如今相会，两鬓染霜，回忆当年，风华正茂，壮志凌云。每个同学都会感慨万千。真是：

回忆往事春常在，畅叙友情奔未来。

我们的母校——哈尔滨工业大学建校已经有67年了，桃李满天下，为祖国、为世界的进步事业培养了大量人才。现在各地的校友纷纷成立了校友会。有省级的，有市级的，据了解有28个。现在北京成立的校友会，就是第29个了。校友会在国外有日本的哈工大同窗会。

北京地区哈工大校友有2 000人左右，会前收到的登记表有612份，今天参加大会的也有1 000多人。

其中，老校友比其他地区多，有20年代的老校友，收到的登记表中新中国成立前入学的老校友就有67位。

身负重任的领导同志多，光是局级以上干部就有60多人。还有没联系上的一些。母校各方面的人员都有，有校长李昌、高铁、宋敏之，也有教授、讲师。

校友分散在各个部门，从事各种专业，有机械、电子、水电、化工、航天、航空、冶金等工业部门，也有清华、北航、北轻等高等院校，有厂矿，也有事业单位。多数从事技术工作或技术管理工作。

这些校友保持哈工大的优良传统——艰苦朴素、奋发向上、不断进取、勤勤恳恳、努力工作，为母校争光，为国家尽力。

北京地区校友和其他地区校友一样，都忘不了母校的培养、师生的友谊。对母校极为关切和深深的怀念都希望早日成立校友会。许多校友，特别是老校友，相互走访，多次聚会，来信来电积极支持成立校友会。

成立校友会的主要目的：

一是加强校友与母校之间的联系，以便校友对母校建设和发展提供建议、信息和帮助，也可使校友得到母校的支持和指导。

二是加强校友之间的联系，有助于横向联合，便于学术交流、信息传播，促进知识的扩大和更新。也能加强校友之间的了解，增进友谊，加强团结。

三是加强北京地区校友与其他地区校友以及国外校友的联系。如日本的哈工大同窗会曾邀请化工部的关志平等四位校友东渡日本，参加联谊活动。在1985年6月12日北京老校友接待参加哈工大65周年校庆归来的50多位日本校友，在科学会堂举办150多人参加的欢迎会。

外地的校友会成立后，开展了很多活动。一方面同学团聚，畅谈友谊，回忆浩瀚的松花江、绿树黄沙的太阳岛、宽广美丽的大直街、刻苦攻读的往事；另一方面也做了许多有益尝试，如开展技术咨询、成立技术开发部等。我们如何开展活动，请大家多提宝贵建议。

我是1950年毕业于哈工大的，虽然在校时间只有两年，但当时的情景历历在目，时刻深切怀念、感谢母校的培养、老师的教育。现在已多年未回哈工大了，听说学校有了巨大的发展，盖起了十几层的楼，成立了研究生院和管理学院。我为母校的发展和取得的成绩感到无比高兴。我现在的工作虽然很忙，但一定不负大家的信任，尽力搞好校友会的工作。

最后，祝愿母校兴旺发达！

祝愿老校长、校友身体健康、工作顺利！

1989年1月29日
哈尔滨工业大学北京地区校友会春节联欢会

1989 年 1 月 29 日在民族文化宫举行了“哈尔滨工业大学北京地区校友会春节联欢会”，会议由张管生主持。李昌、高铁校长参加了会议，并讲话。哈工大副校长谭铭文在会上介绍了母校的发展。李树毅等 1 000 多名校友参加了会议。

首先，秘书长张管生介绍与会人员，对大家的支持表示衷心的感谢；说明了联欢会的目的是为校友创造条件，加强联系，交流信息；希望组织小型活动，秘书处支持；感谢支持这次活动的四季青锅炉厂。最后说明，电话、通信地址改变的校友要重新填写登记表，以便出版校友名录。之后，哈工大谭副校长代表杨士勤校长（到欧洲访问去了）和在校的师生员工给各位拜了个早年（1989 年 2 月 6 日春节）。他说，北京地区校友人才荟萃，成绩斐然。谈到校友，如数家珍；说到成绩，兴奋不已。校友的成绩是母校的光荣。母校事业兴旺，学术昌盛。1985 年以来，规模扩大，全校 12 000 多人，其中研究生 2 200 多人，教职工 4 900 人。开始全面提高人才质量，整顿教学秩序，加强人才培养。去年科研经费增长 7%，获成果 86 项，获奖 105 项，专利 13 项，如镍铬电池。威海分校已开始招生，渐入佳境。开展对日、对美合作交流，确立方式，打开渠道，以后会有大发展。与苏联交流最密切。去年争取日援，今年可得 1 亿日元。邵逸夫提供 1 000 万元援助。哈工大有今天的发展，是老校长和各位前辈打下的基础，是校友倍加关注的结果。学校也没辜负校友的期望，我们坚持努力，做切实的工作，将哈工大办成一流大学。并向大家发出邀请，明年回校参加哈工大 70 周年校庆活动。最后祝贺新春快乐！

李昌老校长向大家拜了早年，之后，他指出，1989 年国际形势有利中国发展，戈尔巴乔夫将访问我国，对抗缓和，有利中国。国内形势也好，物价得到有效控制。中央号召，一手抓商品经济，一手抓思想教育。希望新的一年，有新的贡献。最后，祝大家身体健康，工作愉快！

这是老校长对我们提出的要求，也充满了期待。

（文中讲话系根据记录整理，仅供参考）

根据这两次会议登记的校友名录和收集到的名单，我们于1989年5月编辑了《哈尔滨工业大学北京地区校友名录》（1989年版），包括 2 028 人的情况。李昌老校长为这册校友录题词：互助共勉　努力为祖国社会主义现代化建设事业作奉献。

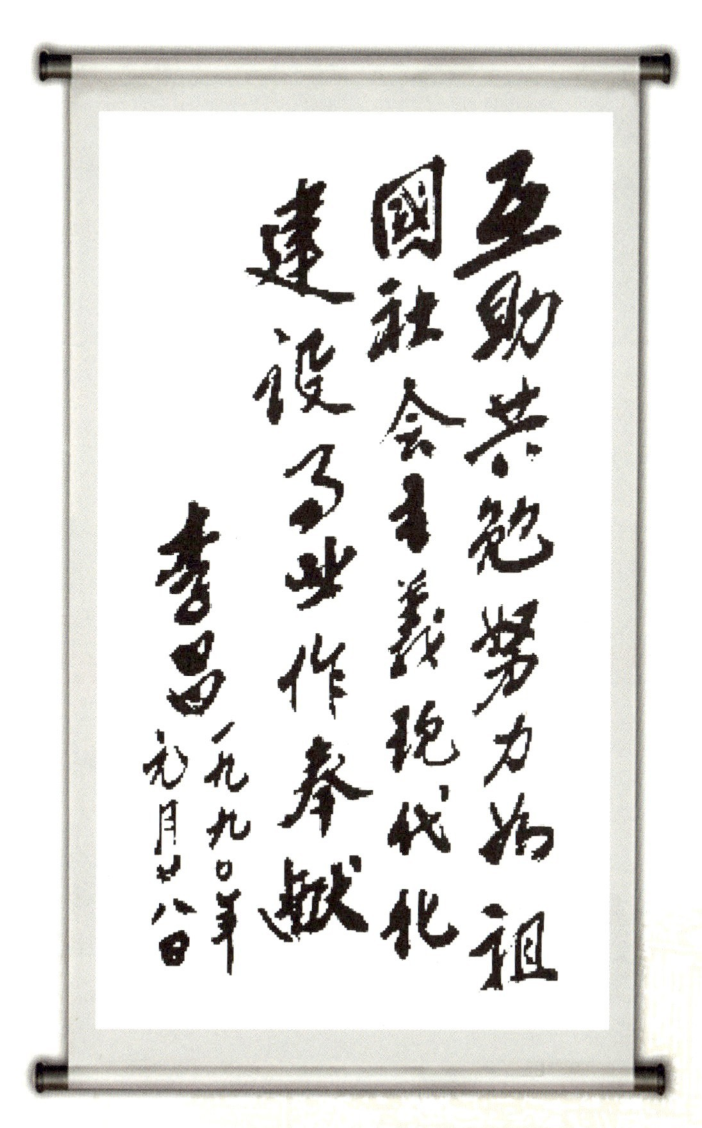

李昌校长为《哈尔滨工业大学北京地区校友名录》（1989年版）题词

1989年1月29日，在民族文化宫举行了“哈尔滨工业大学北京地区校友会春节联欢会”，李昌、高铁校长与校友合影

张管生讲话

哈工大副校长谭铭文讲话

合影（一）

合影（二）

合影（三）

合影（四）

合影（五）

合影（六）

合影（七）

合影（八）

合影（九）

合影（十）

合影（十一）

合影（十二）

合影（十三）

合影（十四）

合影（十五）

合影（十六）

合影（十七）

合影（十八）

合影（十九）

合影（二十）

舞会

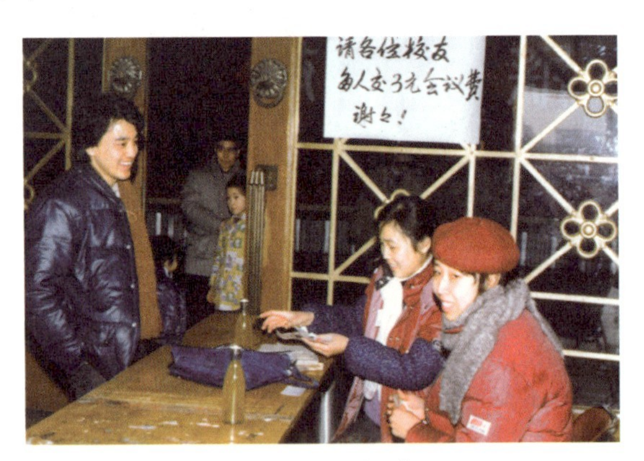

校友缴纳会费

合影（二十一）

合影（二十二）

合影（二十三）

合影（二十四）

合影（二十五）

合影（二十六）

合影（二十七）

合影（二十八）

合影（二十九）

合影（三十）

合影（三十一）

1987年的北京地区校友会成立大会和1989年的校友春节联欢会，参加人数众多，会场气氛热烈，热忱、友爱、欢快。通过这两次活动校友之间交流了感情，增强了友谊，聚集了人气。这两次活动为北京地区校友会工作的开展奠定了很好的基础。

由于秘书长张管生调到天津轻工业学院当院长，校友会的工作大受影响，没有组织大型活动。蓄芳待来年。

1994年12月11日
哈工大“211”工程北京校友座谈会

1994 年 12 月 11 日在北京机电研究所召开了“哈工大‘211’工程北京校友座谈会”。会议由张管生主持。李昌、高铁、刘忠德、朱育诚、苏六也、吕放、李树毅、蔡坚、于福盛参加了会议，并讲话。参加会议的有 100 多人。李昌老校长回顾了在校时的情况，并就学校的发展、学科建设提出了建议。哈工大党委书记吴林介绍了学校的发展情况，他说，哈工大全校人数达 12 371 人，已建成了机电、计算机、材料、动力、航天、管理等 7 个学院；新建了图书馆、体育馆、邵逸夫大楼；1993 年哈尔滨市长来校现场办公，决定从海城街到和平路、从大直街到马家沟由哈工大开发；高新技术园区有了眉目，分金融、期货、基金、证交所、商业街等 8 个系统；积极发展第三产业，大力发展房地产；加强国际合作，争取外援，已有成果，每年派四五十人出国。“211”工程就是到 21 世纪、重点建设 100 所左右的高等学校和一批重点学科达到世界一流水平。航天总公司用四天时间进行评审，认为哈工大有条件，要在教育、科研和管理方面上台阶，要投入三至四亿元。其他校友在发言中，回忆在校生活，感谢母校培养，也给哈工大提出好多建议，希望母校加强人才培养，并祝母校兴旺发达，早日成为世界一流大学。

时年正是李昌老校长 80 大寿之年，校友给李校长送上了著名书法家刘炳森写的“寿”字，老校友送了祝寿条幅。这代表了校友们的心声。

（文中讲话系根据记录整理，仅供参考）

注：“211”工程，即面向 21 世纪、重点建设 100 所左右的高等学校和一批重点学科的建设工程，于 1995 年 11 月经国务院批准后正式启动。

张管生主持

高铁讲话

李昌讲话

刘忠德讲话

朱育诚讲话

蔡坚讲话

吕放讲话

会场（一）

会场（二）

会场（三）

会场（四）

会场（五）

会场（六）

会场（七）

会场（八）

校友为李昌校长送上“寿”字

老校友为李昌校长送上祝寿条幅

李昌校长和杜焕生合影

1995年3月19日
哈工大老校友联谊会

从1949年入学算起，老校友从认识、了解，共同学习、工作，至今已有近半个世纪了。自毕业后大家在不同的岗位上奋力拼搏，成果累累。现在，许多同志都已离休或退休，也有部分同志在岗继续奋战。一些同志倡议在北京举办在京的以1949年入学的老校友为主体的老校友聚会，为大家畅叙友谊、加强联系、交流经验、共享晚年之乐创造条件。联谊会由朱日璋、李树毅、海锦涛、张壮飞等联系、组织。最终于1995年3月19日在北京机电研究所召开了“哈工大老校友联谊会”。

会议由北京科技大学教授朱日璋主持。李昌、高铁校长参加了会议并讲话。哈工大党委书记吴林、副校长杜善义和李景煊参加了会议，并介绍了母校发展情况。参加会议的有100多人。

时年正是高铁老校长80大寿之年，大家表示热烈祝贺。

朱日璋主持会议

李昌讲话

高铁讲话

会场（一）

会场（二）

会场（三）

会场（四）

校友合影

在会场外合影

高铁校长和李昌校长合影

海锦涛

高铁校长和李昌校长长期在哈工大工作，为哈工大的发展做出了卓越的贡献。他们德高望重，深得广大师生员工的尊敬与热爱。北京地区校友连续两年为两位老校长做寿，充分表达了校友们的深情厚谊。

1996年12月28日
哈工大在京部分专家迎春茶话会

1996年12月28日下午，北京地区校友会在中共中央统战部礼堂举办了“哈工大在京部分专家迎春茶话会”，到会的有150多位来自各条战线的新老校友。出席茶话会的有老校长李昌、原航天部副部长孙家栋、国家计委纪检书记卢时策、国防科工委科技委员会委员冯汝明等同志，学校杨士勤校长、吴林书记也应邀到会。会议由北京地区校友会副秘书长海锦涛主持。

会议首先由北京地区校友会秘书长张管生汇报校友会工作情况。他说，北京校友会自1987年成立以来，在加强校友之间联谊、交流信息，为母校发展方面做了些工作，取得了一定的成效。同时说明了调整校友会组织机构，增补年轻副会长、副秘书长人选问题。接着他又讲了今后加强北京校友会工作的设想。

会上，校长杨士勤、党委书记吴林分别向到会的校友介绍了哈工大近几年的发展情况和今后建设的宏伟蓝图。老校长李昌对哈工大的发展、对校友会的工作、对精神文明建设等阐述了精辟的见解，提出了宝贵意见，勉励大家为母校的发展，为国家富强多做贡献。统战部代表热烈欢迎大家来参加聚会。他说，联系知识分子是统战部的一项重要工作，今天来了这么多党内知识分子，有从事卫星发射的专家，也有其他各行业的专家、教授、高工，还有工程院院士，对大家的到来表示热烈欢迎。同时又以校友身份感谢母校老师对他的培养和教育。他的发言不时被热烈的掌声打断。

最后校友们畅叙友谊、交流信息、互相贺年、互相勉励，整个礼堂洋溢着欢乐的气氛。杨校长和吴书记率先为校友们演唱一曲《莫斯科郊外的晚上》，引起大家无限的回忆；校友合唱的《好人一生平安》，引起大家的共鸣，许多人跟着唱了起来；国防科工委少将冯汝明唱的《乌苏里江船歌》，以高昂的情绪、嘹亮的声音得到热烈的掌声，将茶话会的气氛推向了高潮。

校友与母校的关系是永恒的，校友之间的情谊是绵绵不断的。

合影（一）

合影（二）

合影（三）

合影（四）

合影（五）

合影（六）

合影（七）

校友演唱（一）

校友演唱《今宵多珍重》

杨士勤和吴林合唱

曹克朗诵诗词

词 四 首

曹 克

浪淘沙

暮日薄西山，岁月如鸾。星移斗转又一年。
面对新春思旧雨，梦系情牵。
寒敛气初暄，冬意阑珊。红梅笑在百花前。
袅娜东风千万缕，布满人间。

忆秦娥

忆征舟，历尽沧桑岁月悠。
岁月悠，多少英才，几代风流。
当年闻道聚一楼，如今报国各千秋。
各千秋，故园桃李，遍布神州。

柳长春

黉宇霞明，芸窗梦俏。钟鸣漏尽闻鸡报。
鹃魂泣血唤春耕，松花江畔青灯照。
学海征帆，凭栏远眺。鸥歌唱彻渔家傲。
天高海阔任纵横，鲲鹏翼展凌云昊。

黉：音红，古代的学校。

西江月

北满山河壮丽，南岗秀色苍茫。
当年萤雪共寒窗，际会风云难忘。
临别青春似火，重逢白发如霜。
梦从东海跨枯桑，阅尽人间风浪。

作者简介：曹克，1930年生，河北省顺平县人。高级工程师。20世纪50年代初在哈工大就读。中华诗词学会、中国毛泽东诗词研究会会员，北京诗词学会理事。

校友演唱（二）

校友合唱

杜焕生、吕放、刘杲、李铁柏

由于校友会会长戚元靖于1994年11月4日病逝，经与母校校友总会研究，根据校友会工作需要，对原校友会主要成员进行了增补，吸收了年轻校友参加校友会工作，校友会会长请朱育理担任。

哈工大北京地区校友会第二届组织机构增补人员名单

（1996年12月28日通过）

会　　长：朱育理

常务副会长：张管生　海锦涛　刚　杰

副　会　长：（按姓氏笔画排列）马兴瑞　王北新　冯汝明　刘植桢　孙　筘　林抚生　熊　焰

秘　书　长：张管生（不动）

副秘书长：王有臣　杜　军　陆　辛（杜焕生、张壮飞未动）

1997年5月18日
北京青年校友座谈会

1997年5月18日在北京市西三环中路7号召开了“北京青年校友座谈会”。参加会议的有常务副会长李树毅、哈工大李景宣煊、秘书长张管生、副秘书长杜焕生，还有熊焰、王世宽、刚杰、赵炳璞、希玉民、李汉国、陆辛、刘宇等60多人。张管生介绍了校友会的近期工作情况，希望大家交流信息，互相支持，共同前进。校友踊跃发言，介绍自己公司的发展、经营的项目、生产的产品，寻求合作。大家交流了信息，增强了了解，开阔了眼界。这是改革开放中校友会工作的一个尝试。

刚杰讲话

张管生讲话

李景煊讲话

熊焰讲话

会场（一）

会场（二）

校友讲话（一）

校友讲话（二）

校友讲话（三）

校友讲话（四）

校友讲话（五）

校友讲话（六）

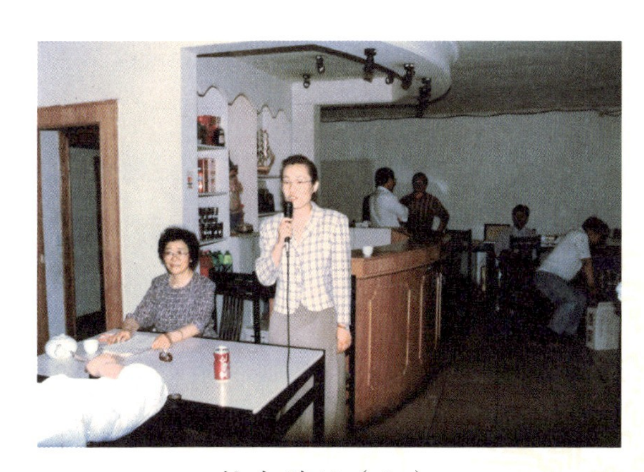
校友讲话（七）

校友讲话（八）

校友讲话（九）

校友讲话（十）

校友讲话（十一）

校友讲话（十二）

校友讲话（十三）

校友讲话（十四）

校友讲话（十五）

校友讲话（十六）

希玉民和李汉国

1998年4月19日
哈工大北京地区校友联谊会

1998 年 4 月 19 日，在航天工业总公司二院召开“哈工大北京地区校友联谊会”。在主席台上就座的有老校长李昌，大家熟悉的朱育理会长、杨士勤校长、俞大光和徐滨士院士，还有校友会的张管生秘书长和外地校友代表。

会议由刚杰同志主持。首先，朱育理会长讲话。他说，经同志们推荐，荣任哈工大北京地区校友会会长，一定要尽力做好这项工作，给予大力支持，广大校友不分职务高低，不分能力大小，都要为校友会的工作尽力，都要为母校争光！

接着，杨士勤校长介绍了哈工大的发展情况和取得的成绩。他说，论综合实力哈工大列全国第六位，高科技园区发展很快，八个大企业，如 IBM 公司、松下公司，要与哈工大开展合作。现学校用房 70 万平方米，到 2000 年要增加住房 8 万平方米，博士生将有 20% 留校，壮大学校教学、科研力量，哈工大将有一个大发展。这美好的前景，令人欢欣鼓舞。希望校友们关心、支持母校的建设和发展。

李昌校长回顾了昔日的在校生活，并就双文明建设提出了希望。他说，老有所养，老有所为，共同目标是服务国家，服务人民，服务母校，多做贡献。他 1953 至 1964 年在哈工大，11 年的学校生活，使他和大家成为终生战友。精神文明研究所副所长何龙建议校友要团结友爱，加强合作，发展事业，建设精神文明。文化教育是精神文明的基础，经济发展，国民经济收入增加，人们收入增加，精神文明建设也应加强。希望哈工大早日建成“211”工程，发展高科技园区，成为双文明的中心。李校长的教诲大家铭记在心，并用其指导行动。

哈工大校友总会会长张铨介绍了校友总会的情况和工作安排。哈工大团委书记宋要武倡议年轻校友组织起来，开展活动，为母校、为国家多做贡献。

天津校友岳宏（河北工业大学教授）代表参加“哈工大全国校友工作座谈会”（4月18日在二院召开）的12个地区校友代表，向大会表示祝贺。

最后，张管生秘书长向大家汇报了校友会的工作和今后的工作计划。他总结了前一阶段校友会组织的几次小型活动情况，组织编写出版《哈尔滨工业大学北京地区校友名录》的情况，同时安排了校友会的换届，确定了新的机构。他指出，北京地区校友特点是时间跨度大（前后长达60多年）、人员多、层次多、面广、分散。今后以小型活动为主，可成立分会，以行业、专业、单位、年级成立分会均可，向校友会备案。今后开展信息咨询、科技开发、人才培训等实际活动，组织年轻校友、厂长经理校友活动，加强联系。在2000年母校校庆之际，组织国际性哈工大校友会议，北京地区校友会积极参与。

下午，一些校友介绍了自己单位的情况和开发的产品情况，并进行了交流。

这是一次成功的大会，也是一次继往开来的大会。它必将在哈工大北京地区校友会活动史上占有重要地位，将谱写新的篇章！

根据这次会议登记的校友名录和收集到的名单，于1997年11月编辑了《哈尔滨工业大学北京地区校友名录》（1997年版），包括2 336人的情况。李昌老校长为这册校友录题词：高举邓小平理论旗帜　团结共勉振兴中华。

（文中讲话系根据记录整理，仅供参考）

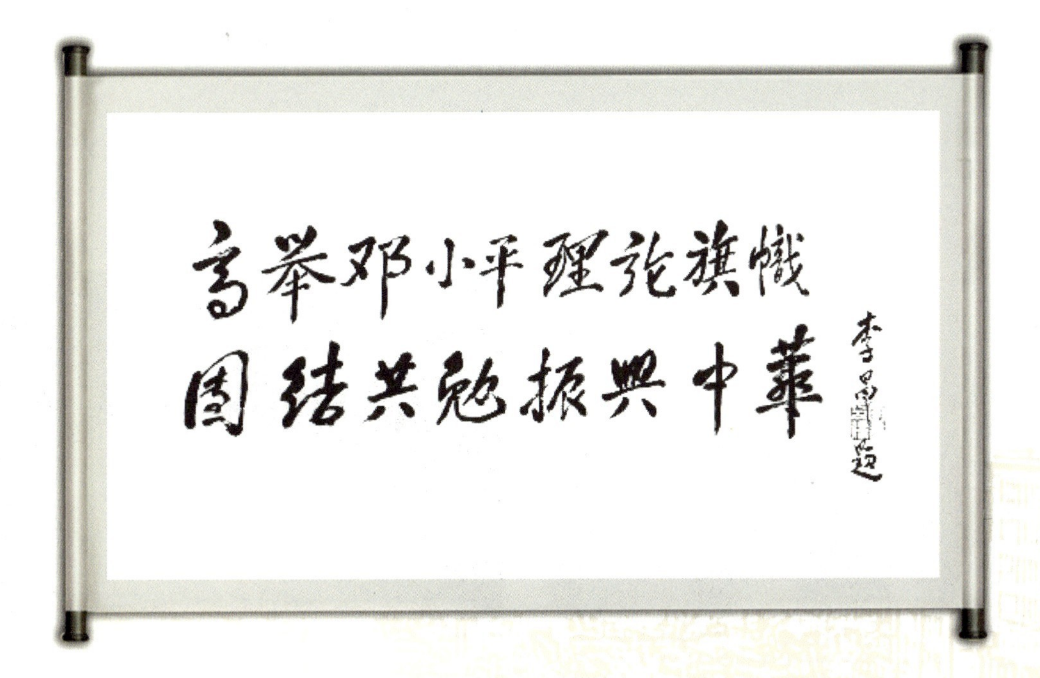

李昌校长为《哈尔滨工业大学北京地区校友名录》（1997年版）题词

会场（一）

会场（二）

会场（三）

会场（四）

会场（五）

会场（六）

杨士勤校长和李昌校长

刚杰主持

朱育理讲话

会场（七）

会场（八）

会场（九）

张铨讲话

张管生讲话

宋要武讲话

天津校友岳宏讲话

会场（十）

校友合影（一）

校友合影（二）

校友合影（三）

1999年2月5日
专家学者迎春联谊会

1999年2月5日，哈工大部分校友相聚在怀柔集贤山庄。在群山环抱的集贤山庄里，一大早从北京市赶来的哈工大校友畅游在绿树春花之中，显得异常兴奋，欢声笑语到处回荡，寒暄问候不绝于耳。大家陆续来到红顶白楼的二楼的会场中，看到主席台正上方红布上写着“专家学者迎春联谊会”。主席台上就座的有哈工大党委书记李生、哈工大校长杨士勤、农工民主党副主席周铁农、航空工业总公司总经理朱育理、哈工大北京地区校友会秘书长张管生。参会的有国防科工委副主任、航天局局长栾恩杰，中国人民解放军总装备部副部长李元正中将，外事局局长姚盛祥少将，科技委秘书长张跃少将，科技委委员冯汝明少将，民航总局副局长沈元康，原文化部部长刘忠德，原航天工业部部长孙家栋，中国科学院院士童秉纲，中国工程院院士俞大光、徐滨士，哈工大原副校长张真，哈工大校办公室主任辛玖林、驻京办公室主任薛占国、校友总会李北光，外地校友代表河北省的韩生雨，黑龙江省的王忠信、刘森林、魏国强，福建省的赵国英、林金国，深圳的王彬、徐风，等等。参加会议的有230多人。

会议由哈工大北京地区校友会常务副秘书长、机械科学研究院院长海锦涛主持。哈工大北京地区校友会会长朱育理致开幕词，他首先代表校友对东道主表示衷心感谢，并说明会议是在立春的第二天召开的，是迎春的会，是联谊的会。特别说明校友活动要分期分批，按年级、按专业、按学术类型组织活动。特别强调同学会不突出职务、官衔，要体现尊师敬长，体现同学情谊平等，今天就是校长坐台上，而有的领导坐台下了。他也说明了老校长李昌因病未来参会。

统战部代表对大家表示欢迎。他说，

看到哈工大校友在各领域取得重大成绩，由衷高兴，校友有院士，有部门领导，有在单位主持工作的，说明哈工大培养的人才在国家各个领域、各条战线发挥聪明才智，为国家、为民族的发展做出了贡献。他祝贺各位同学在各自的岗位上取得的成绩。他也对哈工大取得的成绩表示祝贺，他说时间真快，离校已经35年了，作为学生，离校就像离开家一样，非常关心母校的发展变化。哈工大的成绩很多，影响也大，校友们也都时刻关心母校的发展。他说，2000年是新世纪的开始，知识经济时代就要来临，要发挥知识分子的作用。他希望校友在各自岗位上，为国家的发展，为民族的振兴发挥聪明才智，为人民做出更大的贡献！最后，他预祝大家春节好！

哈工大党委书记李生和校长杨士勤介绍了哈工大的发展和取得的成绩。他们主要介绍了学校的规模，全校共有28 000人，其中全日制学生15 000人，成人教育学生6 000人，教职员工7 000人。1998年学生人数居全国第二（同济大学第一）。学校内有院士5人，有博士点32个，在校博士生1 100人，硕士生2 300人，数量在全国高校中居前列。在全国高校评估中，哈工大排在前十名；最近三年科研综合实力分别排在全国第二、四、六名；研究生院评估列全国第七。学校建成的高科技园区股票已经上市，科研成果用于航天工业，成绩优异，如超视距雷达。建成了新图书馆、游泳馆、医院。他们还介绍了当前的工作及今后的发展方向。当前的工作任务是一个中心，两个重点。一个中心是学校以面向21世纪办成世界一流大学为中心；两个重点是院系调整和人事分配制度改革，包括学科建设，将7个重点学科扩大到15个重点学科，2000年国庆时拿出小卫星；提高一线教师待遇，充实人才培养基金。他们还回顾了哈工大的发展历史，总结20世纪50年代发展的辉煌成就，永远牢记李昌老校长等人打下的良好基础；也歌颂了80年代改革开放给哈工大带来的深刻变化。他们还强调，学校的成绩是校友的骄傲，校友的成绩是学校的自豪。希望校友为母校的发展献计献策，校友对母校的贡献学校永远牢记。他们希望2000年哈工大80周年校庆时校友能够返校。与会校友为母校的发展和取得的成绩深感高兴，喜形于色、溢于言表，不时对他们的发言报以热烈的掌声。

张管生同志代表北京地区校友会汇报了工作计划和当前工作任务。他说北京地区校友会要做好组织工作，建立固定活动场所，加强网络联系，活动经常化。当前的工作是为母校建成世界一流大学献计献策，为母校80周年校庆贡献力量，加强合作，为技术开发、经贸往来、项目介绍广开渠道。副秘书长杜焕生宣读了哈尔滨工业大学北京地区校友会第二届组织机构增补人员名单（会长朱育理），大家鼓掌通过。

熊焰同志代表年轻校友讲话，表示用工作、事业的优秀成绩，为母校争光。

大会之后，大家合影留念。

下午，集贤山庄内的卡拉OK厅、游泳厅、保龄球厅、健身器材厅等都免费开放了，校友们自由参加活动。一些校友在卡拉OK厅尽情地歌唱，仿佛又回到了年轻的学生时代，仿佛又回到了美丽的哈尔滨，大家都沐浴在同学情谊之中，感到无比快乐和幸福。

下午，北京地区校友会常务副秘书长杜焕生主持召开了各单位校友联络员会议，明确了联络员的任务、条件、作用和人员，确定了今后的工作内容。百文都信息有限公司执行董事刘志硕校友介绍了哈工大校友上网的意义、内容及方式。北京市大兴县人大常委会副主任、北京大兴新技术研究所所长孟武校友介绍了他们的科研成果和效果。校友对北京校友会的工作提了许多好的建议和设想。

这次会议得到统战部办公厅主任曹维新、宣传办公室主任庄聪生、接待处处长于学丹、集贤山庄总经理孙公麟等同志的大力支持与帮助，与会校友都表示十分感谢。

（文中讲话内容系根据记录整理，仅供参考）

会场（一）

会场（二）

会场（三）

会场（四）

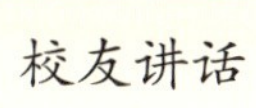

校友讲话

校友合影

1999年7月10日
《润物无声——纪念教育家高铁》出版座谈会

1999 年 7 月 10 日上午，在人民大会堂三楼海南厅召开了《润物无声——纪念教育家高铁》出版座谈会。会议由哈尔滨工业大学、北京大学、国家建筑材料工业局主办，由中共中央委员、全国政协常委、教科文卫体委员会主任、原文化部部长、哈工大校友刘忠德主持。出席会议的有王恩茂、袁宝华等领导同志。有 50 多位校友参加了会议。

会议首先宣读了中共中央政治局委员、广东省省委书记李长春的来信，信中祝贺《润物无声——纪念教育家高铁》的出版，并表示了对高铁校长的深切怀念。之后，荣国浚教授代表本书编委会介绍了成书过程，他叙述了本书的缘起，组稿经过，以及本书的特点。三个主办单位的领导都到会讲话，哈尔滨工业大学校长杨士勤、北京大学校长陈佳洱、国家建筑材料工业局副局长蒋明麟在发言中缅怀高铁同志在这三个单位工作时的巨大成绩，赞美高铁同志的优秀品德和人格魅力。杨校长回顾了高铁同志从 1950 年 3 月至 1977 年 5 月在哈工大任副校长、校长期间，为哈工大学习苏联，艰苦创业，以及为哈工大的不断发展和建设呕心沥血、兢兢业业地工作，做出了开创性的贡献。高铁同志为哈工大贡献了他 35 岁至 62 岁的人生最好年华！高铁同志的工作作风和重视人才等优秀品质都永存哈工大师生员工心中。陈校长叙述了高铁同志从 1977 年 10 月至 1979 年 12 月任北京大学党委副书记、常务副校长期间，对恢复正常教学秩序、落实党的政策做出的贡献，1978 年恢复高考招生，高铁落实职称评定，提高教师待遇，表彰三好学生，帮助学生解决困难，受到好评，为北大的发展奠定了基础。蒋副局长叙述了高铁同志从 1980 年 1 月至 1982 年 5 月任建筑材料工业部副部长、科技委主任期间，主管科研和教育工作，对建筑材料工业的发展做出了很大贡献。教育部副部长张宝树在讲话中说，高铁同志是老一辈教育家，是教育事业的奠基人。高铁同志的事迹，使我们受到深刻的教育，高铁同志的高风亮节，我们要学习发扬。之后，老同志、老校友北京大学原副书记、常务副校长张学书，武汉工业大学原校长袁润章，武汉工业大学原校长、现建筑材料科学研究院院长欧阳世翕，中国工程院院士吴中伟、俞大光，中国科学院院士童秉钢相继发言。他们追忆了和高铁同志一起工作和相处中最受感动、印象至深的事。张学书说，高铁同志和党委书记周林同志在学校拨乱反正，被师生称为“及时雨”，他紧抓招生教学工作，高铁同志的事迹将永远载入北大史册。袁润章说，高铁同志倡议将武汉建筑材料工业学院改为武汉工业大学，使学校发展成为万人大学，功不可没。并表示牢记高铁同志的教导，办好学校。欧阳世翕回顾了高铁同志在主持制定建筑材料行业科研条例、干湿法制造水泥、浮法生产玻璃等工作中，能够倡导新技术，找准发展方向，为建筑材料工业的发展做出贡献。机械科学研究院院长海锦涛代表哈工大北京地区校友会讲话，他说，高铁同志是革命者，是教育家，是贡献一代的代表。在校时是好师长，退休后积极参加校友会活动。对人信任、关怀、爱护。爱心献给人民，献给社会，得到人们的尊重和爱戴。精神文明研究所所长何龙和国防大学教授张良也在发言中盛赞高铁同志的人格魅力和道德力量。高铁同志夫人孙克悠代表家属致谢。她首先代表家属感谢王恩茂等同志带病参加这次会议。她说，发言的同志用充满感情的话语，热情洋溢的语言，对高铁同志进行缅怀，他们铭记在心，没齿难忘。高铁同志能够取得成绩是因为党的培养、同志们的支持，他们表示感谢。高铁同志一生淡泊名利，不求享受，将他的情义和爱留给了他们，他们永远怀念。最后她以“友谊万岁”结束了致谢。主持人刘忠德做总结发言。他说，听大家发言，仿佛又回到校园，又回到高校长的身边。高校长在各单位留下了坚实的足迹，他的人格魅力教育我们，伴随我们，激励我们，给我们力量。我们想念高铁同志，高铁同志永远活在我们心中！

与会同志都祝贺《润物无声——纪念教育家高铁》的出版，对高铁同志的高风亮节、领导风范、人格魅力和光辉业绩十分景仰和深切怀念，对高铁同志的战斗一生给予崇高评价，表示一定要继承高铁同志遗志，做好工作，为我国的教育事业，为我国的兴旺贡献力量。

（高铁同志1915年出生于辽宁省新民县，1998年1月29日在北京逝世，享年83岁。）

会场

杨士勤讲话

俞大光讲话

海锦涛讲话

孙克悠代表家属致谢

参会校友（一）

参会校友（二）

挽高铁校长

曹　克

春风化雨润芳园，桃李芬芳遍大千。
沥血耕耘赢硕果，钟灵毓秀向峰巅。
星陨碧落光犹在，墨诲青衿迹未干。
尽瘁鞠躬功不没，常教学子泪如泉。

1999年7月17日
哈工大北京地区各单位校友联络员会议

哈工大北京地区校友会于7月17日上午在机械科学研究院（海淀区首体南路2号）8楼会议室召开了“哈工大北京地区各单位校友联络员会议”。参加会议的有哈工大北京地区校友会秘书处人员和各单位联络员，共48人。会议由校友会常务副秘书长、机械科学研究院院长海锦涛主持，校友会秘书长张管生向大家汇报了回母校参加校庆和全国哈工大校友工作会议情况，介绍了6月6日在校广场召开的“庆祝哈工大建校79周年暨筹备80周年校庆启动大会”的盛况及校党委书记李生和校长杨士勤在大会上的讲话内容，宣读了“哈工大80周年校庆活动筹备工作方案”“哈工大建校80周年庆典公告”和“全国哈工大校友工作会议纪要”，并做了说明；校友会常务副秘书长杜焕生做了补充说明。张管生代表秘书处提出哈工大80周年校庆时北京地区校友会要组织的活动，包括组织哈工大北京地区校友在2000年6月7日校庆前返校参加校庆活动，北京地区召开大会祝贺母校校庆，召开哈工大国际校友论坛大会，赠送给母校一件礼物，组织编辑出版刊登老照片和回忆文章的《校友通讯》，制作校庆纪念章，筹办哈工大校友活动中心等，即三个会议三件礼物一个中心。会议就此进行了热烈讨论。

哈工大要办成世界一流大学，大家知道学校党委书记李生和校长杨士勤及其他校领导非常关心校友工作，深受鼓舞，纷纷表示要积极参加80周年校庆活动，一定要关心母校建设，为哈工大早日建成世界一流大学贡献力量。大家还对具体工作发表了许多建设性意见。

对明年校庆相约返校，大家在发言中极表赞成。吕放联系他主持编印《哈工大机制57级同学录》的体会说，许多校友渴望多年分离后的团聚，大家在校庆时相约一起返校，机会难得，时间放长点为好。向熙扬说，老同志返校机会不多了，组织返校，是共同心愿，可以包车，也可以分批。

对明年北京开大会庆祝校庆，张仲伟说，要开好大会，不要开成庙会。向熙扬说，大会内容要精一点，多样化，精彩些。周友楠建议，北京的庆祝大会在人民大会堂召开，除会议外，可有文娱演出，安排一天，请中央领导参加，争取电视报导，影响会大。

对国际校友论坛大会，孙金龄说，这很有意义，应该开好。

对给学校修建永久性标志物，张仲伟、向熙扬等校友在发言中说，要考虑校友们的感情，要考虑 80 年的历史，特别是近 50 年的历史。赵臣钢说，要组织几个人研究，集思广益，进行创意。张立刚说，永久性建筑要有文化内涵，要得到大家的认同，要有生命力，才能长久保存。

对校庆纪念章，栾双盛、张仲伟、向熙扬等校友在发言中都提出要有特点，有感情，有历史意义。

对给母校的礼品，周友楠提出，要组织一个设计班子，结合火箭、卫星、校徽、21 世纪、和平发展、环保等元素，可以永久保存，放在会议室中，要实用，可报温度、湿度、大气状况。

对校友活动中心，与会人员在发言中都认为建在北京比较合适，但要做好论证。芮光雨在发言中说，要建校友活动中心，先成立筹备组，做出可行性报告、项目建议书，争取资金，取得大企业支持，向学校争取建在北京。李铁柏建议建校友活动中心与建研究生院结合起来。赵臣钢说，校友活动中心建在北京，国内外校友联系方便，可以采用股份制。孙金龄说，校友活动中心建在北京的作用是：联络，培养人才，成立科研基地。我们主动提出，号召全国校友入股。吕放在发言中说，校友活动中心要办成常设机构，联系国内外校友方便，各省市都在京设办事处，校友活动中心建在北京好，就像当年的八路军办事处，起到联络作用。于连城说，校友活动中心对扩大学校影响有好处，要办成什么样的，干什么用，要仔细研究，还要有维持费用。张仲伟说，哈工大应加强北京点的工作，一是老一辈的校长，如冯仲云、陈康白、李昌、高铁以及宋敏之都落脚在北京；二是担任重要领导职务的哈工大校友多在北京；三是五六十年代的毕业生很多在北京，有的单位骨干多是哈工大的；四是人力条件有利，有搞建筑的校友，可以自己动手。学校要下决心在北京建，寻找资金，我们配合，不能包打天下。刘宇提出可收购便宜的破产小企业或拍卖的小宾馆。海锦涛也提出用地的设想。

栾双盛在发言中还说，要发挥校友的凝聚力和潜力，为科教兴国、为哈工大进入世界一流大学贡献力量。向熙扬在发言中还说，哈工大建世界一流大学要贯彻在校庆的活动之中，建议明年 5 月哈工大发布校庆新闻可与北京庆祝大会结合起来，南北呼应，扩大影响。张立刚在发言中还说，80周年校庆活动要加强宣传，要提高入校生源质量，扩大学生知识面。刚杰在发言中说，北京的活动要与哈工大的活动结合起来，新闻发布可以在北京进行。建议北京校友组织文娱演出，在校庆时表演。

根据向熙扬等校友的建议，对80周年校庆的筹备工作分成几个小组进行准备，各组提出具体方案，再组织讨论和落实。张管生提出80周年校庆筹备工作各小组的成员，在北京召开大会庆祝80周年校庆，由张仲伟、李铁柏、王有臣等负责；组织校友回校参加校庆活动，由宋占江、翟东群等负责；在北京召开“哈工大国际校友论坛”，由海锦涛、陆辛等负责；编写《校友通讯》，由杜焕生等负责；为学校准备礼品，包括永久性建筑和纪念章，由赵臣钢、孙金龄等负责；校友活动中心由刘国明、芮光雨等负责；文娱演出由刚杰、傅爱群等负责。秘书处热烈欢迎校友自愿参加这些小组。这些小组可找有关人员进行讨论研究，拿出建议，大家确定，再予实施。

总之，这是一次传达会，将母校80周年校庆活动的安排传达给校友；也是一次宣传母校成绩的会议，将近期哈工大的发展情况告诉了校友；还是一次动员会，动员校友积极返校和参加各项校庆活动；最后，它是一次落实工作的会议，筹备80周年校庆工作的设想得到了大家的支持，并得到许多宝贵建议。大家分别进行准备，为最后的成功奠定了基础。

1999年9月18日
北京地区49级老校友联谊会

1999年9月18日，在化工学院会议室召开了“北京地区49级老校友联谊会”，传达7月17日哈工大北京地区校友联络员会议精神，纪念考入哈工大50年，并进行联谊活动。会议由翟东群主持，参加会议的有边耀刚、崔龙起、傅津生、郝东平、李树毅、田澄华、刘植桢、刘晓梅、鹿中民、齐汝先、荣国浚、王玉田、王嘉璇、奚锦秋、魏连璧、于恒、张壮飞、赵威、刘振起等，共70多人。校友会秘书长张管生介绍了哈工大建校80周年校庆活动筹备工作方案、哈工大80周年校庆时北京地区校友会要组织的活动；校友会常务副秘书长杜焕生向大家说明了组织编辑出版《校友通讯》校庆专刊的情况，要求大家提供老照片和撰写回忆文章，以及庆祝校庆的文章；刘振起介绍了校庆时北京地区校友赠送给母校礼物的设想及几种方案。于在仁介绍了49级及新中国成立前校友办理离休的情况。罗正都、杜竞中等校友在会上表演了文娱节目，他们引吭高歌，那一首首俄文歌曲仿佛又让大家回到了松花江畔，那一首首激动人心的老歌仿佛又让大家回到了年轻的时代。大家对母校的关心与热爱溢于言表，对母校的建设与发展喜在眉间。最后确定49级校友活动领导小组由五人负责，这五人是翟东群、张壮飞、罗正都、宋占江、于在仁。这次活动得到校友刘植桢的赞助。

会上，回忆过去，畅叙友情，感谢母校；交流信息，互道珍重，祝福未来。

会标意为纪念考入哈工大50年

1999年11月14日
“国防科工委、教育部、黑龙江省重点共建哈尔滨工业大学协议签字仪式”大会

1999年11月14日，在北京国谊宾馆召开“国防科工委、教育部、黑龙江省重点共建哈尔滨工业大学协议签字仪式”大会。会议由国防科工委副主任栾恩杰主持。出席会议的有国防科工委主任刘积斌、教育部部长陈至立和副部长周远清、黑龙江省省委书记徐有芳、哈尔滨市市委书记王宗璋等领导，哈工大党委书记李生和校长杨士勤，以及北京的校友，共100多人参加，北京校友有幸见证了这一重要的历史时刻。

首先由周远清宣读“协议文本”：

1. 支持哈工大加快改革发展，增强教育实力，提高学生质量和办学水平，努力成为世界知名大学。

2. 支持哈工大改革探索，重点参加国防建设、经济建设。

3.1999—2001年三年内国防科工委、教育部、黑龙江省分别向哈工大投入建设经费3亿元、3亿元和4亿元。学校做好建设规划。

4. 支持哈工大深化教育改革。

5. 具体办法另行研究确定。

徐有芳同志代表省政府祝贺，并说：“这是一件大事，是国防科工委、教育部对哈工大建设的关心。哈工大具有80年的历史，是实力雄厚的学府，为国家培养了一批又一批的人才，为国家、为黑龙江省的经济发展做出了贡献。50年代，哈工大被称为‘工程师的摇篮’，享誉全国。哈工大面向全国经济建设主战场，坚持理论结合实践，加强厂校协作，‘红旗飘满城，都说工大好’。我们为有哈工大而自豪。黑龙江省重视哈工大建设，我们共同努力，将哈工大推向辉煌，作为迎接21世纪挑战的机遇，为教育振兴贡献力量。”陈至立同志在讲话中说，落实科教兴国措施，教育向世界水平迈进，要集中有限财

力，对高校重点支持。她阐明选中哈工大的原因：一是哈工大有实力，二是有黑龙江省的大力支持，三是考虑到地域。她希望哈工大加快建设和改革发展步伐，适应21世纪的挑战，成为高层次人才培养基地，成为世界知名大学。

刘积斌同志回顾了哈工大的光荣历史，特别是1958年9月15日邓小平同志视察哈工大，并指示：大厂大校要关心国家命运，高等学校要成为突破科学技术的基点之一。刘积斌指出：发展高水平技术装备是当务之急，我们任重道远。哈工大有好的传统，有活力，有实力，具备创一流大学的条件。他说，签订协议，标志哈工大进入全国9所重点院校行列。要求哈工大：1. 坚定社会主义办学方向，坚持教职工队伍建设。2. 坚持改革，优化结构，健全机制。3. 坚持为国防、为经济发展的思想，做好规划，产学研结合，培养优秀人才。4. 完成建一流大学的项目，迈向世界一流大学。

最后，杨士勤校长代表哈工大表示感谢。他说，哈工大在新中国成立以来，一直是国家重点大学，这次签订协议，要向世界一流大学挺进，开创教育事业的千秋伟业。哈工大迎来了发展的又一个春天，全校师生都很振奋。我们也深知责任重大，担子不轻。我们要虚心向兄弟院校学习，变压力为动力，以国际水平要求自己，以崭新姿态迎接挑战！他接着说，哈工大有深厚的基础，有能打硬仗的队伍，有领导的大力支持，有好的传统。但成绩只能代表过去，要长期努力，依靠群众，以一流学校要求，深化改革，提高办学水平，加强实力，办出特色；从提高办学质量入手，高水平培养人才，出高水平成果并转化，为国防建设、为经济发展做出贡献，一定不辜负时代重任和人民的期望，向党和人民交一份满意的答卷！

会上，刘积斌、陈至立、徐有芳代表国防科工委、教育部和黑龙江省在协议文本上签字，并合影留念。

会场（一）

会场（二）

会场（三）

会场（四）

会场（五）

会场（六）

会场（七）

会场（八）

1999年12月12日
拜访李昌老校长

1999 年 12 月 12 日，张管生、陆辛、韩梅林、杜焕生代表哈工大北京地区校友，去看望老校长李昌。祝贺他 85 周岁生日（12 月 14 日）快乐，健康长寿，并献上一个特大蛋糕，上面用奶油书写一个大“寿”字。与我们一同去看望老校长的还有哈工大驻京办事处主任薛占国，他代表学校送一个写有“祝贺生日快乐”的大花篮。我们一起聆听了老校长的教诲，感到受益匪浅。

谈话是从李老创办的湖南省武陵大学开始的。他介绍了武陵大学创办的经过，办学的目的，寻求发展的途径，及今后的发展方向。他深感教育的重要，决心为家乡人民办点实事，开展教育和农业技术的进步，这是他目前记在心头的两件要事。他是武陵大学董事会主要成员，他为武陵大学的发展多方联系，欲与北航合作，以提高教育质量。对哈工大的发展，李老也是念念不忘的。他介绍了哈工大在深圳办研究院的情况，认为很好。并说哈工大经历了三个春天，不叫三次辉煌。第一个春天是 50 年代，第二个春天是 80 年代，第三个春天是现在。这种说法易为人们接受。他认为要继承哈工大的传统，这些传统主要有：一是爱国主义、社会主义、集体主义，这是明确的政治方向；二是规格严格，功夫到家，这是业务方面，是基本功和专业知识；三是厂校协作，这是理论与实践相结合，学以致用。还谈到其他一些事情，如：他认为办学要老中青三结合，现在学校退休太早，退休年龄可延至 65 岁。他认为创造性在知识经济中发挥着重要作用，包括管理创新。还谈到大企业工委，科技型企业，12 个院所归属，精神文明建设，三个地区（沿海地区、河南地区、张家界地区）试点，等等。

当我们请李老写回忆文章在《校友通讯》上发表时，他说“现在我还很忙，我还在创业，没时间安排写回忆录，等以后再说。”当我们表示北京地区校友办培训班、研究生班，请他出任名誉领导，并请他与哈工大联系时，他说：“不要打我的旗号，你们自己办好了，民办教育正在发展，很有前途，可以自己办。”

85 岁还要创业，真是老有所为，令人难忘。让我们真诚祝愿，李昌校长长命百岁。

最后，合影留念。（以上内容凭回忆整理）

2000年3月12日
哈工大校友通讯首发式、校友网站开通仪式大会

2000 年 3 月 12 日，在机械科学研究院召开“哈工大校友通讯首发式、校友网站开通仪式大会”。会议由哈工大北京地区校友会副会长、机械科学研究院院长海锦涛主持。参加会议的有老校长李昌、哈工大校长杨士勤和党委副书记李绍滨、新中国成立后哈工大第一任校长冯仲云的女儿冯忆罗、哈工大驻京办公室主任薛占国、校友湖南怀化 80305 部队戚庆伦少将、国家计委的李树毅和刚杰、团中央高技术中心主任熊焰、国家体育总局科研所所长赵炳璞、哈工大北京地区校友会秘书长张管生和常务副秘书长杜焕生等，共 71 人。

首先，海锦涛致欢迎词，介绍与会主要人员。杨士勤校长先向大家致以热烈的问候，接着李绍滨副书记介绍了哈工大建设世界一流大学的进展情况，重点说明建设两个园区的情况：一个是在哈尔滨动物园建的大学科技园区（全国共有 15 个大学科技园区），另一个是深圳国际创新发展研究院。大家听了深受鼓舞。张管生秘书长汇报了北京地区校友庆祝母校 80 周年校庆活动筹备工作情况，新提出送母校一块匾，印制成套纪念章，以及在校庆时组团返校，并介绍了知名作家刘贵贤写的《走进哈工大》情况（将于 5 月份由昆仑出版社出版）等。常务副秘书长杜焕生汇报了校友通讯筹备和编辑出版情况。张管生和杜焕生代表校友通讯编委会向李昌老校长和李绍滨副书记赠送校友通讯《南岗之友》，并合影留念。

刘志硕介绍了哈工大校友网站从 1998 年 6 月开始以来的筹备情况，并说明了网站的功能和作用。接着张管生宣读了哈工大校友网站的技术顾问委员会和管理顾问委员会人员名单，以及聘任的主编人员。最后，老校长李昌宣布哈工大校友网站正式开通，并合影留念。老校长李昌在讲话

中强调了科技、信息的重要作用，创新对发展的意义，以及精神文明的作用，特别提出利用威海分校的有利条件，发展海洋事业，让哈工大“上天入海”，扩大研究领域，最后勉励校友为国家多做贡献，祝愿哈工大早日建成世界一流大学。冯忆罗在讲话中，回忆了解放初冯仲云校长在哈工大的工作情况，并说她母亲薛雯听说哈工大要建成世界先进的大学，87 岁的老人心中非常高兴，认为这是实现冯仲云校长的夙愿，委托冯忆罗在会上表示家族的庆贺，并感谢一些校友参加 1977 年底冯仲云校长的骨灰安放仪式。冯忆罗代表她母亲薛雯向哈工大北京地区校友会赠送回忆录《白发回首》（薛雯著，北京图书馆出版社 2000 年 1 月出版）。

会上，还向与会人员赠送了《南岗之友》，并发放了哈工大校友网站的会员卡。许多校友当时就在会场上上网，观看哈工大校友网站内容。

李昌讲话

冯忆罗讲话

杜焕生讲话

李绍滨和张管生握手

会场（一）

会场（二）

会场（三）

会场（四）

会场（五）

会场（六）

校友合影（一）

校友合影（二）

到2000年，北京地区校友会已成立13年。在这十多年间，校友的队伍状况发生了很大变化，年轻校友越来越多。他们对校友会的工作有很多新的想法和创意。为了满足年轻校友的愿望，更好地发挥年轻校友的作用，在母校和北京地区校友会的支持下，成立了哈工大北京地区青年校友分会。

2000年3月15日
哈工大北京地区青年校友分会成立大会

2000年3月15日，在北京市海淀区北洼路11号银泉大厦召开“哈工大北京地区青年校友分会成立大会”。在主席台上就座的有杨士勤、高文、熊焰、冯健身、张管生、海锦涛，马振东主持大会。哈工大北京地区校友会副会长熊焰介绍青年校友分会筹备情况，他说明了北京地区青年校友分会成立的宗旨，就是要针对青年校友（指20世纪70年代后在哈工大学习、工作过的同志）的特点开展活动，帮助学校发展，办些实事。这得到母校的支持，也得到哈工大北京地区校友会的支持。他说明了青年校友分会的原则：一是大家的事情大家办，二是相对稳定的积极奉献的开放的结构，三是争取以项目为中心活动。张管生秘书长代表北京地区校友会祝贺青年校友分会的成立，并宣布哈工大北京地区青年校友分会组成人员。会长为高文（国家“863”计划智能计算机主题首席专家，哈工大教授），常务副会长为冯健身、熊焰，副会长为王勇、马兴瑞、宋亚晨、方滨兴，秘书长为马振东，副秘书长为刘中、闻新，理事有乔仁毅、杜军、邓伟、林抚生、陆辛、刘志硕、张端球等50人。还宣布北京地区校友会同意增补高文为哈工大北京地区校友会副会长。马振东宣读青年校友分会章程（草案），大家鼓掌通过。哈工大校长、校友总会会长杨士勤讲话，首先代表学校对青年校友分会成立表示衷心祝贺。他希望青年校友分会多开展符合青年特点的活动，除联谊外，将工作做得更好。他介绍了去年11月14日三方共建哈工大签字仪式大会的情况，学校正加紧建设，兴办科技园区。实行教师聘任制，从3月1日开始发岗位津贴，同时他又向大家说明哈尔滨建筑大学（即哈尔滨建工学院）经教育部批准，正式决定划入哈工大，校友们报以热烈的掌声。高文会长以“群策群力办好青年校友分会”为题做了重要发言。他认为哈工大在北京应建立桥头堡，传递信息，准备成立“哈工大北京研究院”（或叫“研究中心”）。青年校友分会要做有新意的事，年轻人要互相帮助，将事业做大。他表示要多做实事，多做贡献，不辜负大家推举他当会长。刘志硕介绍了哈工大校友网站的筹备和开通情况，以及网站的功能和作用。冯健身、海锦涛也做了即席讲话，祝贺青年校友分会的成立，也希望母校早日建成世界一流大学。

会上向与会人员赠送了《南岗之友》，并发放了哈工大校友网站的会员卡。

（以上引用讲话系个人整理，仅供参考）

哈工大北京地区青年校友分会第一届组织机构成员名单

（2000 年 3 月 15 日通过）

会　　长：高　文

常务副会长：冯健身　熊　焰

副 会 长：王　勇　马兴瑞　宋亚晨　方滨兴

秘 书 长：马振东

副秘书长：刘　中　闻　新

理　　事：50 人（名单略）

以后根据需要，在 2002 年 11 月 29 日又选出了第二届组织机构成员。

哈工大北京地区青年校友分会第二届组织机构成员名单

（2002 年 11 月 29 日通过）

顾　　问：李　昌

名誉会长：王树国　朱育理　刘忠德

会　　长：熊　焰

副 会 长：高群耀　白秋晨　马振东
孙　明　杜　军（五系）
王琚华　邓　伟　赵　军

秘 书 长：白秋晨

副秘书长：刘志硕　王秀强　丁传波
蔡鹏飞　朱　彤　曹一兵
王雪丽　于　明　高东辉

理　　事：118 人（名单略）

2000年6月5日
北京校友喜庆母校80周年华诞

2000年6月5日，北京地区一百多名校友组团返校，参加校庆活动。

在这举世欢庆新世纪到来之际，我们乘着信息时代的东风，迎来了哈尔滨工业大学的80周年华诞。我们北京地区8 000多名校友，怀着无比兴奋的心情，祝贺母校建校80年来的丰硕成果，特别是改革开放20年来的蓬勃发展，衷心祝愿母校鹏程万里，早日建成世界一流学府。

我们北京地区广大校友都十分怀念在母校的岁月，十分怀念师长孜孜不倦的教诲，人人心中涌动着一股热流，纷纷献计献策、捐钱出力，向母校表示学子的深情。

在会长朱育理、秘书长张管生的领导下，北京校友会召开了三次联络员会议和三次座谈会，传达母校筹备校庆的情况，讨论我们如何迎接校庆，大家提出许多宝贵建议。

经反复讨论和比较研究，确定敬送母校两块匾。每块匾长4米，高2米，红木做底，精雕题词——请著名书法家刘炳森题写的“钟灵毓秀”（意思为：美好的自然环境培养优秀的人才）和“百世之师”。6月7日上午9时，在母校图书馆大厅内由杨世勤校长举行了揭幕仪式。以后此匾就安置在图书馆大厅内。

我们与校友总会、深圳校友会一起编印了“哈工大校友通讯——《南岗之友》”，作为校庆的献礼。3月12日举行了首发式，李昌老校长、杨世勤校长和李绍滨副书记出席了首发式并讲话。

我们筹备制作了一套纪念章，由六枚校友纪念章、两枚校徽和一枚新设计的玉龙纪念章组成，放在精致的盒内，里面还有李生书记和杨世勤校长签名的献辞。这套纪念章具有历史意义和珍藏价值，很有创意，形式新颖，设计独特，有吸引力。无论是老校友，还是新校友，都能找到自己的回忆和联想。学校校庆办公室定购4 000套,还有一部分销往各地校友会。

为迎接校庆，哈工大校友网站于3月10日在北京开通,并于5月10日进行改版。网站栏目新颖，内容广泛，信息快捷，资料丰富，实用性强。

北京各单位校友也积极行动。航天科技集团一院校友送给母校一套8枚我国生产的火箭模型，最高达3.4米，在6月7日下午4时举行了交接仪式；502所校友送给母校一面锦旗；北京青年校友分会送给母校“一帆风顺”玉雕；王发塘校友筹备制作一本像册，包含冯仲云、陈康白、李昌、高铁共四位校长的工作和生活照片，送给母校珍藏。

北京青年校友分会和哈尔滨建筑工程大学北京校友会也积极参加了校庆筹备活动。

我们高唱时代的凯歌，欢庆盛大庆典，歌颂母校辉煌的过去，赞美母校灿烂的未来。

说明：原定北京地区校友于5月21日在人民大会堂召开“庆祝哈工大建校80周年大会”，学校领导开始表示“要低调处理”，后来确定6月7日校庆前不要开，其原因：一是学校领导筹备校庆活动工作繁重，时间紧张，加上正值“三讲”结尾，还有全国高校校长会议等活动，恐怕抽不出时间来参加北京大会；二是担心有的部委领导参加了北京地区的庆祝大会，就不来学校参加庆祝活动了。对北京地区校友的热情和关心母校的发展，学校领导表示充分地理解。为保证母校活动的盛大和隆重，北京地区校友会决定北京地区校友庆祝大会在校庆前不召开，在校庆以后适当时间召开。其次，召开校友论坛会议，因海外校友响应寥寥，决定不开了。第三，讨论中赵臣钢小组提出建麦比乌斯带雕塑方案（麦比乌斯带是20世纪的一大发现，它是由一条矩形长带将两个对边之一扭转180度后与另一边黏合而成。麦比乌斯带是一个单侧曲面，从面上任意一点出发，不经过边界线就可以走遍整个曲面。它是微分几何中的重要图形。象征思维无限，知识无止境，要永久去奋斗）。李树毅建议的为母校建一座牌坊。这些为母校建标致性建筑的提议，工程浩大，协调复杂，费用昂贵，不再进行。

忆江南·哈工大八十周年校庆

曹　克

群芳圃，最俏是红梅。
一树独占天下艳，九冬含笑报春晖。
胜似彩云归。

哈工大建校八十周年庆祝大会会场

待揭幕

北京青年校友分会送的“一帆风顺”玉雕

北京地区校友会送的匾（一）

北京地区校友会送的匾（二）

中国运载火箭技术研究院赠送火箭模型仪式现场

校友合影

航天科技集团一院校友送给母校一套8枚我国生产的火箭模型

北京校友做的纪念章外盒

北京校友做的纪念章

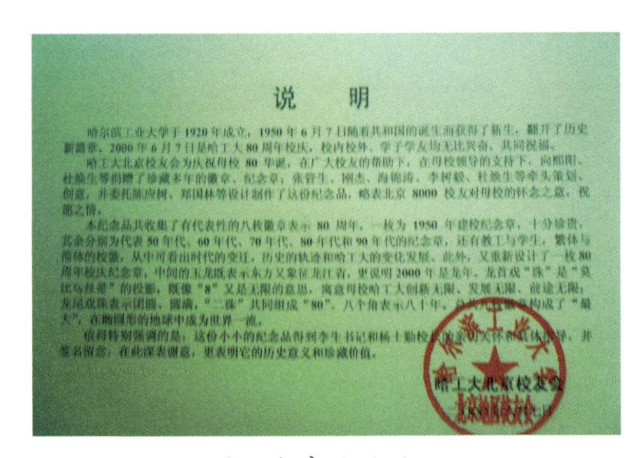

说　明

哈尔滨工业大学于1920年成立，1950年6月7日随着共和国的诞生而获得了新生，翻开了历史新篇章。2000年6月7日是哈工大80周年校庆，校内校外、学子学友均无比兴奋，共同祝福。

哈工大北京校友会为庆祝母校80华诞，在广大校友的帮助下，在母校领导的支持下，向熙阳、杜焕生等捐赠了珍藏多年的徽章、纪念章，张管生、闻杰、海锦涛、李树毅、杜焕生等牵头策划、创意，并委托施应树、郑国林等设计制作了这份纪念品，略表北京8000校友对母校的怀念之意，祝愿之情。

本纪念品共收集了有代表性的八枚徽章表示80周年，一枚为1950年建校纪念章，十分珍贵，其余分别为代表50年代、60年代、70年代、80年代和90年代的纪念章，还有教工与学生，繁体与简体的校徽，从中可看出时代的变迁，历史的轨迹和哈工大的变化发展。此外，又重新设计了一枚80周年校庆纪念章，中间的玉龙既表示东方又象征龙江省，更说明2000年是龙年。龙首戏“珠”是“莫比乌丝带”的投影，既像“8”又是无限的意思，寓意母校哈工大创新无限、发展无限、前途无限；龙尾戏珠表示团圆、圆满，“二珠”共同组成“80”。八个角表示八十年。[illegible]构成了“最大”，在椭圆形的地球中成为世界一流。

值得特别强调的是，这份小小的纪念品得到李生书记和杨士勤校长的亲切关怀和具体指导，并签名留念，在此深表谢意，更表明它的历史意义和珍藏价值。

哈工大北京校友会

对纪念章的说明

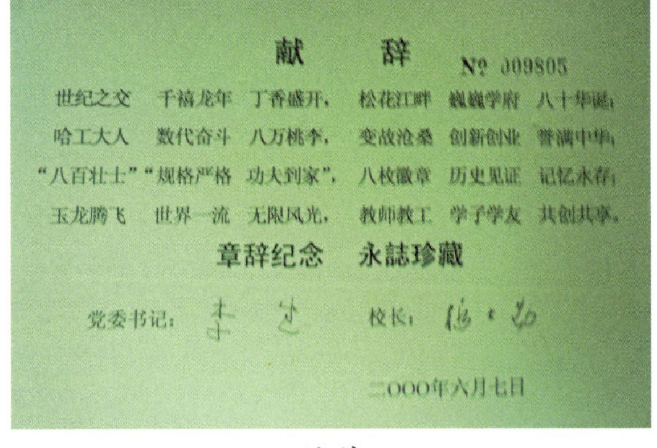

献　辞　№ 009805

世纪之交　千禧龙年　丁香盛开，　松花江畔　巍巍学府　八十华诞；
哈工大人　数代奋斗　八万桃李，　变故沧桑　创新创业　誉满中华；
“八百壮士”“规格严格　功夫到家”，　八枚徽章　历史见证　记忆永存；
玉龙腾飞　世界一流　无限风光，　教师教工　学子学友　共创共享。

章辞纪念　永誌珍藏

党委书记：李生　　校长：杨士勤

二○○○年六月七日

献辞

2000年9月9日
哈工大八十周年校庆汇报会暨《走进哈工大》首发式

2000 年 9 月 9 日，哈工大北京地区校友会和昆仑出版社在国家计委红塔礼堂联合举办“哈工大八十周年校庆汇报会暨《走进哈工大》首发式”大会。会议由北京地区校友会副会长刚杰和北京青年校友分会秘书长马振东主持。参加会议的有哈工大党委书记李生，国家计委纪检组组长卢时彻，北京市政协副主席朱育诚，中国航天机电集团副总经理王勇，昆仑出版社社长程步涛，著名作家刘贵贤，中国科学院院士李静海，中国工程院院士俞大光、徐滨士、于润沧，哈工大教授王仲仁，校友总会李北光，山西校友会秘书长周德寿和北京校友会秘书长张管生、常务副秘书长海锦涛、杜焕生等。有数百名校友参加了大会。

首先，哈工大党委书记李生汇报了全校师生员工和校友、来宾欢庆哈工大 80 周年校庆情况，介绍了知名校友王兆国、孙运璇和哈工大名誉教授金泳三回校参加校庆情况，他们表达了校友对母校的深厚感情；说明了哈工大与哈建大合并，壮大了学校的力量，学生总数达到 35 000 人，教师 2 700 人，院士 13 位，加上甜菜研究所的并入，学校占地达 317 公顷，比以前扩大 5 倍；介绍了学校加快学科建设、进行人员调整、改革分配制度的情况。学校将以学科建设为中心，带动教学等全面发展，使部分学科达到国际先进水平，在 21 世纪将哈工大建成世界一流大学。最后他代表学校感谢校友和各界朋友的支持和帮助。

接着，进行《走进哈工大》的首发式。昆仑出版社社长程步涛，著名作家刘贵贤向在主席台就座的人员赠送《走进哈工大》精装新书。昆仑出版社社长程步涛在讲话中祝贺哈工大取得的成绩，表示出版社要继续积极反映哈工大的业绩，为国家建设做出贡献。著名作家刘贵贤的代表杨海峰在发言中说明了《走进哈工大》的创作经过和自己的深切感受，强调说明哈工大人平凡而又辉煌的业绩深深地感动作家自己，才能感动读者的道理。哈工大教授王仲仁在讲话中，说明了《走进哈工大》的成书缘起，叙述了他在火车上巧遇作家刘贵贤，请他到校，使作家萌发了写哈工大的想法。作家在采访、写作中，克服伤病的困扰，花费了很多心血，写成初稿，又再三核对事实，请人修改。终于写出了跨度80年，人物众多的我国第一部全面反映高校情况的报告文学。中国工程院院士俞大光在讲话中着重说明哈工大50年代大发展是大家齐心协力、脚踏实地干出来的，希望哈工大继续依靠大家努力，向世界一流大学迈进。机械科学研究院院长海锦涛在发言中回顾了母校的培养教育，为母校的光辉成绩欢欣鼓舞，表示按母校教导为社会多做贡献。93岁的老校友任栋梁参加了哈工大80周年校庆，又参加了大会。他在讲话中回忆了自己在校的生活，回顾了过去校友的情况，回校时看到母校发展壮大，希望母校早日成为世界一流大学。

山西校友会秘书长周德寿应邀参加了大会。他在发言中祝贺大会成功。深圳海王集团总裁张思民也发来了贺信。

北京校友会秘书长张管生汇报了北京校友会的工作，特别是在校庆时组织送给母校两块大匾，并展示了复印件。同时做了纪念章和编辑出版《南岗之友》，开办了哈工大校友网站。最后他说，哈工大兴旺发展，办成世界一流大学很有希望。北京青年校友分会副会长熊焰介绍青年校友分会成立及活动情况，特别是近期筹备成立“中关村百校信息园”，搭建一个平台开展软件和资本运营，为校友、为母校、为国家多做贡献。

会场侧厅墙上陈列着5块展板，内容是哈工大80周年校庆的照片，包括校庆大会、文娱晚会、焰火晚会、北京校友活动和校庆花絮，吸引了许多校友观看，或回忆起激动人心的历史瞬间，或如身临其境参加校庆活动。在会场门口赠送《南岗之友》和载有校庆情况的简报。大厅边上销售《走进哈工大》新书、《校友通讯录》和哈工大80周年校庆纪念章。参加会议的校友纷纷购买，有的校友还为外地校友或没参加会议的校友购买。

参加大会的校友都为母校的进步而高兴，为母校的发展而自豪，企盼母校早日建成世界一流大学，祝愿母校师生员工节日快乐。

会场（王发塘摄）

首发式现场（王发塘摄）

李生和俞大光

校友合影（一）

校友合影（二）

校友合影（三）

校友合影（四）（王发塘摄）

校友合影（五）

赠书（一）（王发塘摄）

赠书（二）（王发塘摄）

马振东和刚杰主持（王发塘摄）

张管生讲话

李生讲话（王发塘摄）

校友讲话

俞大光讲话（王发塘摄）

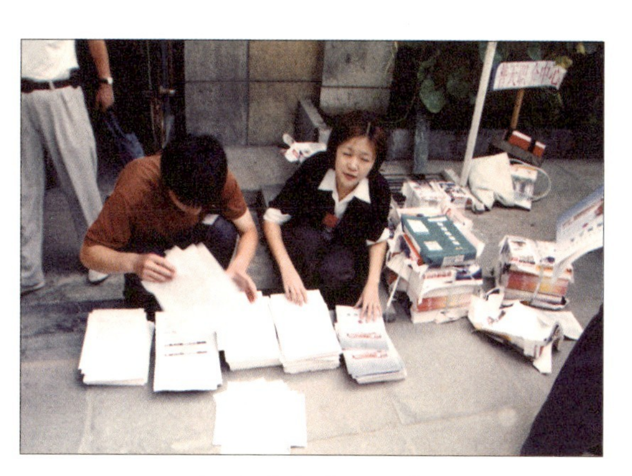

发放《南岗之友》

校友阅读简报

校友阅读《走进哈工大》

《走进哈工大》封面

《走进哈工大》封底

2001年3月24日
北京地区49级老校友联谊会

2001 年 3 月 24 日，在北京机械科学研究院北京地区 49 级老校友召开联谊会，参加会议的有齐汝先、魏连璧、孙琦霄、徐滨士、傅津生、栾双盛、张管生、海锦涛、杜焕生等，共 50 多人。会议由宋占江主持，翟东群做重点发言，介绍了前一阶段办理离休情况。北京校友会秘书长张管生、常务副秘书长杜焕生介绍了校友会的近期活动。

并在会上分发了《南岗之友》第一期和第二期共 200 册（有给其他校友代取的）。老校友欢聚一堂，畅谈近期情况和对母校的思念。大家交流了情况，沟通了信息，增加了解，增强了友谊。

2001年4月22日
哈工大北京青年校友首届登山比赛

哈工大北京青年校友分会于2001年4月22日，在昌平蟒山国家森林公园，举办“重温校园生活，健康成就未来——哈工大北京青年校友首届登山比赛”。通知中说：“每一天校友们都在繁忙地工作和紧张地生活，我们的身心承受着很大的压力；不断地追求，让我们的事业成功，也让我们常常忽视了锻炼身体，忘记了联络同窗。而回忆昔日的校园生活，是那么青春与健康。怀念不如相见！健康成就未来！校友们，让我们在明媚的春日相聚，去共同攀登人生的顶峰吧！”

2001年4月22日（星期日）上午8：30，在昌平蟒山国家森林公园停车场集合后，哈工大校长杨士勤讲话，简介母校近况，并祝贺活动成功。副会长熊焰代表活动组织者说明活动的目的和要求。之后，哈工大李生书记开枪发令，参加这次活动的80多名青年校友争先恐后，飞奔上山。有的校友身轻如燕，轻盈向前；有的校友汗流浃背，奋勇上山。小组成员互相照顾，团结一致勇争佳绩。最后，获得这次登山比赛的第一、二名的是广厦网络队（刘志硕小组）和飒爽英姿队（女同学小组），得到了《走进哈工大》或“哈工大校庆纪念章”的奖励。在山顶长廊处，李生书记和杨士勤校长颁奖，并集体合影。同时分发了北京校友会编印的资料。

2002年4月21日哈工大北京地区青年校友分会组织了第二届登山比赛。以后，每年4月下旬都在昌平蟒山举办登山比赛，坚持了十多年，得到越来越多的年轻校友的响应，参加的人数由开始的一两百人发展到四五百人。通过登山活动，校友锻炼了身体，加强了联系，增进了友谊。每年春天的登山比赛，已经成为北京地区青年校友的一个期盼，成为北京校友活动的“金字招牌”。

马振东讲话

李生发令

杨士勤发奖

李生发奖

杨士勤讲话

熊焰讲话

哈尔滨工业大学北京青年校友首届登山比赛校友合影（一）

哈尔滨工业大学北京青年校友首届登山比赛校友合影（二）

哈尔滨工业大学北京青年校友首届登山比赛校友合影（三）

哈尔滨工业大学北京青年校友首届登山比赛校友合影（四）

哈尔滨工业大学北京青年校友首届登山比赛校友合影（五）

2001年9月15日
哈工大机制57级同学毕业40年纪念会

2001年9月15日上午，在松麓饭店2层会议室举行“哈工大机制57级同学毕业40年纪念会” 。坐在主席台前排的是老校长李昌、广东省原副省长王屏山、中国科学院院士童秉纲、四季青农工商贸易总公司副总经理张燕忠、恒有源科技发展股份有限公司经理徐生恒、国家经委原质量局局长李树毅、天津轻工业学院院长张管生，坐在主席台后排的是原哈工大机工厂厂长张鸿博、机床教研室程韡老师、刀具教研室季熙老师、哈工大机械学院代表吴盛林、会议的组织者吕放和杜焕生同学。出席会议的师长、同学、家属和来宾共114人。会议由李铁柏同学主持。他介绍了与会的师长、来宾（陆纪培老师因有事后到）。当介绍到李昌校长以87岁的高龄参加我们的聚会时，大家以热烈的掌声表示欢迎和感谢。

首先，吕放同学介绍了会议筹备情况和会议宗旨。接下来李昌老校长讲话，他概述了当前的形势和对我们的希望，特别希望大家积极参与西部大开发活动。他在讲话中提出：哈工大要走新的道路，特别强调中国是“三级”“两跳”，“三级”是三级社会，由农业社会—工业社会—现代化社会，“两跳”的关键是市场，市场、科技、投资是三个重要问题。李昌校长早年参加“一二·九”运动，在哈工大提出用辩证法分析积木式机床，在十一届三中全会后率先建议加强精神文明建设，最近提出教育要迎头赶上，特别是高等教育。四十年前，我们听了李校长的毕业报告，满怀豪情奔赴祖国各条战线，踏上了工作岗位；今天，我们又一次聆听了李校长的教导，一定能指导我们更好地走进人生的第二个春天。大家以热烈的掌声表示感谢。之后，哈工大北京地区校友会副会长兼秘书长张管生代表北京地区校友会表示热烈祝贺，并祝贺同学们毕业后四十年相聚，祝贺与李昌校长、老师相聚。他提出三点愿望：一是愿大家健康长寿，提高生活质量；二是愿大家在“30公岁”后再创业；三是联系、网络不要中断，二十年后再相聚。吴盛林代表哈工大机械学院现任领导讲话，对李昌校长表示感谢。他详细地介绍了同学们离校后母校的蓬勃发展情况。同学们听了，深受鼓舞。来宾代表广东省原副省长王屏山、哈工大在京老师代表童秉纲院士、哈工大原机械系总支书记、国家经委质量局局长李树毅也在会上讲话。在老师讲话之后，同学代表刘育华、郭益峻向师长献《哈工大机制57级同学录》。接着，机制57同学代表夏银山讲话，他代表机制57同学感谢母校的培养。他缅怀了母校情、师生情、学友情，祝贺同学们做出的非常大的成绩，畅谈了自己的感受。母校四十年来变化很大，学校的发展对我们工作的开展起到了促进作用。他祝愿母校兴旺发达，祝愿李昌校长健康长寿，祝愿大家20年后再相会。他热情洋溢的讲话博得了阵阵掌声。之后，杜焕生同学宣读贺信贺电。

这次会议得到恒有源科技发展股份有限公司的大力支持，是由贺平东、李铁柏联系的。

会场

校友合影

王屏山讲话

李昌讲话

张管生讲话

吕放

李铁柏讲话

杜焕生讲话

吴盛林讲话

夏银山讲话

校友讲话（一）

校友讲话（二）

参会人员在松麓饭店门口合影

参会人员在中华世纪坛前合影

女同学与师长在松麓饭店门口合影

2002年3月10日
哈工大和哈建大北京地区校友会联合会议

2002年3月10日，哈尔滨工业大学和哈尔滨建筑大学北京地区校友会在西苑饭店召开联合会议。出席会议的有：张青林（中建党组书记）、朱华（全国市长协会党委书记）、杨鲁豫（建设部标准定额司司长）、王立臣（北京市建设委员会副主任）、郎惠生、李树毅、张管生、海锦涛、刚杰、杜焕生。鉴于学校成立了新的校友总会，大家赞成北京地区校友会要联合起来。张管生介绍了哈工大北京地区校友会的组成和活动情况，郎惠生也介绍了哈尔滨建筑大学北京地区校友会的组成和活动情况。双方协商组成新的北京地区校友会，先酝酿人员，待时机成熟再确定人选。

2002年4月20日 李生书记召开座谈会

2002年4月20日下午，哈工大党委书记李生在机械科学研究院会议室与北京校友座谈。

座谈会由中国地区开发促进会常务副会长、北京地区校友会秘书长张管生主持，校友总会顾寅生、孟宏震及原哈工大和原哈建大校友李树毅、海锦涛、刚杰、王立臣、郎惠生、齐骥、朱华、熊焰、马振东、杜焕生等30多人参加了座谈。

座谈会上，李生书记介绍了近年来学校取得的进展和发展目标及任务，并介绍了新任哈工大校长王树国的情况［2002年3月4日，在学校礼堂召开的全校中层干部会上，中共中央组织部干部三局局长张常韧、国防科工委人事教育司司长屠森林宣读了中共中央、国务院、国防科工委关于王树国、杨士勤同志的任免令。王树国任哈工大校长（副部级）、校党委常委、党委副书记］。顾寅生老师安排了校友会工作。大家听到母校的飞跃发展都非常振奋，并一致认为：哈工大和哈建大本是同根同源，现在又成一家，“强强”联合后进一步增强了学校的综合实力，北京地区的原两校校友会也应尽快合并，这一工作目前正在筹划中。

2000年哈工大和哈建大合并，学校成立了新的校友总会，北京地区哈工大和哈建大校友会积极行动，通过讨论、协商，一致赞同两校校友会尽快合并，并提出了新的校友会成员名单。通过后就产生了“哈工大北京地区校友会第三届组织机构成员名单”。从此北京地区校友会的工作开始了新的篇章。

2002年9月1日
第二次哈工大和哈建大校友会联合会议

2002年9月1日在国宏大厦会议室召开了第二次哈工大和哈建大校友会联合会议。会议由张管生主持，出席会议的有李树毅、王立臣、海锦涛、王有臣、苑振坤、刚杰、马振东、杜焕生等13人。会议研究了哈工大和哈建大校友会联合后的工作，以及筹备年末联欢会工作。

会后就餐

2

校友会的重要活动

2002年12月22日
哈工大北京地区校友新年茶话会

2002年12月22日，北京地区校友在国宏大厦召开“哈工大北京地区校友新年茶话会”。出席会议的有老校长李昌、北京地区校友会会长朱育理、副会长张青林、哈工大校长王树国、哈工大原校长杨士勤、哈建大原党委书记荣大成、哈工大校友总会常务副会长顾寅生、哈工大校友总会副会长刘志才、中国工程院院士俞大光和徐滨士等。参加会议的有350多人。会议由机械科学研究院院长、北京地区校友会副会长海锦涛主持。在会议开始时他向大家介绍参加会议的主要人员，当介绍到老校长李昌时大家报以热烈的掌声。

首先，由北京地区校友会秘书长张管生宣布原哈工大和原哈建大北京地区校友会合并，组成新一届理事会和秘书处，并宣布第三届哈工大北京地区校友会组织机构成员名单（会长为育理、刘忠德，秘书长张管生，常务副秘书长刚杰、郎惠生），大家鼓掌通过。他概括地汇报了原哈工大北京地区校友会成立15年来的工作情况（召开4次大会、5次重要小会，协助母校办了6件事，支持校友开展7次活动，印制8种资料，组织113人集体返校参加80周年校庆活动，成立青年校友分会等）。其次，他简单地说明两校北京地区校友会合并的经过——从2002年3月10日第一次联席会议双方同意组建新的校友会，经过4月20日座谈会、9月1日讨论会、11月24日确定组建方案和原则、12月2日和12月14日协商组织机构成员名单，终于成立了新校友会。他说，哈工大和哈建大原为一家，有历史渊源，合并是水到渠成。我们遵照校友总会的意见，将两个校友会合并也非常顺利。组建原则是承上启下、继往开来、与时俱进、开拓创新，在原来的基础上，调整、增加年轻人员，反复研究，才确定新的组织机构成员。最后，他提出了今后工作的几点建议。针对北京地区校友人员多、分布广泛的特点和当前的形势，通过交流（交流信息、交流感情），搞好服务（为校友服务、为母校服务）；通过服务，加强交流。一是要组建小型机构，开展小型活动。大力支持专业、班级开展联谊活动、专业活动。二是开展联谊健身娱乐活动，如爬山、乒乓球、羽毛球比赛等。三是按市场要求，召开研讨会、论证会、科技论坛等。四是整合校友资源，做到优势互补。校友会为校友搭建平台，为校友大显身手创造条件。工作重点和骨干要逐步转移到青年校友身上，开创新局面，取得新成绩。他以祝愿母校早日办成世界知名大学和祝愿李昌老校长健康长寿结束讲话。

校友会会长朱育理在讲话中说，中共十六大的精神是创新，哈工大的校风是求实和创新，从老校长李昌开始，不断发扬光大。现在教育体制改革，两校合并，力量加强了，校友为母校的进步高兴。校友在各条战线上推动经济、科技、军事和社会的进步，为母校争得了荣誉。今后校友会要为大家好好服务，开展各种活动，形式要灵活。校友会副会长张青林代表刘忠德向大家问好，他说，校友对母校的感情深，是因为大学阶段值得玩味，它是人们成长的重要阶段，作用大，人们不会忘记。校友的母校情、师生情、同窗情，是校友会的生命力所在。大家应团结起来为母校的发展贡献力量。

哈工大校长王树国做了长篇讲话，他的讲话分三个部分：一是介绍学校情况，二是对传统的理解，三是对未来哈工大的设想。在第一部分中，他介绍了哈工大进入全国共建的9所重点大学之后，上下团结，成果巨大。去年哈工大有18个学科被评为“国家级重点学科”，占全国第四位，其中有10个学科在全国排第一、二位；18个学科中有16个工科学科，工科排名仅次于清华大学；管理学院占全国第三位。现有18位院士，在全国高校中名列第四。科研经费达5.2亿元，在全国高校中排第三（次于清华大学和浙江大学）。学校条件好，食堂全国一流。全校师生事业心、责任感非常强，团队精神好，参加几个大的工程，影响日益增长。在第二部分中，他讲哈工大的传统——求实创新，在教学上是“规格严格，功夫到家”，代代相传，并与时俱进。他结合去宁波参观见到的事例说明传统对成功的重要。他表示要保持传统，发扬传统。在第三部分中，他设想，到2025年哈工大将建成世界知名高水平研究型大学，为社会培养国家最需要的杰出人才。加强国际合作，管理学院开创“2加2”，即哈工大学生在哈学两年，然后到法国学两年，拿一个法国大学学位，再学一年，再拿一个法国大学硕士学位，之后回到哈工大做一年毕业论文，拿一个硕士学位，这样六年内可以拿四个学位。保证学生学到知识，人才不外流。哈工大要适应社会发展的要求，为国家培养杰出人才。他还向为哈工大创造第一次辉煌和第二次辉煌做出杰出贡献的老校长李昌和原校长杨士勤表示感谢（校友们致以热烈的掌声）。他结合去台湾给孙运璇校友祝寿的事例，说明哈工大影响很大。学校实力通过校友体现，校友为母校争得荣誉。他最后感谢校友对母校的关心，祝大家新年快乐！

哈工大原校长杨士勤在讲话中，对北京地区校友会的工作给予高度评价——全国哈工大校友工作的典范。北京地区校友达一万多名，居全国之首（第二为深圳，有近万名校友），工作开展得活跃，人员很融洽，今后要继续前进。他回顾了哈工大进入全国共建的 9 所院校的背景，强调十万多名校友的作用不可低估。他说，校友在大学提高了素质，毕业后辛勤工作，为国家做出了贡献，为母校赢得了声誉，为母校进入全国共建的 9 所大学起了先声作用。哈工大培养了一大批骨干力量，母校是校友的坚强后盾；校友也为母校出力，使母校越办越好。他回顾了自己任 17 年校长（1985 年至 2002 年 3 月离任，之前还任 3 年副校长）的经历，全力以赴，尽心尽力，抓住机遇，迎来了哈工大的大发展。这是老校长李昌打下的基础，是老校友为社会做贡献赢得了声誉，支持了哈工大的前进。最后他祝大家事业辉煌，身体健康。

哈建大原党委书记荣大成讲了四句话，一是祝老校长李昌健康长寿（大家热烈鼓掌），感谢老校长李昌的培养。二是祝贺新校友会成立，顺应历史潮流，分久必合，本是同族同根。三是祝贺哈工大进入全国共建的 9 所院校，祝贺母校繁荣昌盛。这是全校领导和教职工努力的结果，还有校友的支持。北京是全国政治、经济和文化的中心，北京地区校友为母校发展做贡献义不容辞。四是祝全体校友新年愉快，合家欢乐。

哈工大校友总会常务副会长顾寅生讲话，他首先祝贺校友会合并，给大家拜早年。他说，全国哈工大校友会有 40 多个，哈建大校友会有 30 多个，陆续在合并。北京地区校友会是典范，有凝聚力，校友对母校的感情深，希望将母校办好。校友会感受到校友的热情，增强了工作信心。校友是哈工大办成世界知名大学的动力，向校友活动的积极分子表示感谢。他传达了 10 月份召开的哈工大全国校友工作会议精神，工作的思路是：以感情为纽带，以沟通为基础，以活动为载体，以事业发展为目标，营造母校关心校友、校友热爱母校，互相支持、共同发展的局面。校友会工作是为校友服务，为母校发展建设服务，为祖国统一富强服务。学校做校友事业发展的坚强后盾，校友支持母校的发展。现在学校加强了校友总会的工作，增加了人员，兴办了刊物，建立了网站（6 月 1 日开通）。北京地区校友会要带好头，经常开展活动，加强交流，互相合作，为开创校友工作新局面而努力！

今年老校长李昌88周岁，校友代表孙丽向老校长李昌献上一束鲜花，有88枝康乃馨（象征88周岁，健康长寿）、6枝百合（象征纯洁高尚）和6枝火鹤（象征万事如意），衬以满天星（象征桃李满天下），大家热烈鼓掌，摄影师频频拍照，闪光灯不断发出强光。

校友会名誉会长老校长李昌在讲话中回顾了哈工大经历的三次大的定位和三次大的创新。第一次是在建国初期，哈工大为当时学习苏联的重点理工科大学，开办了培养理工科大学师资的研究生班，产生了“八百壮士”，形成了“规格严格，功夫到家”和“厂校协作，发展生产”的优良传统，帮助企业解决156项大型工程中的技术问题，当时的哈尔滨市委书记任仲夷曾说：“厂校协作红旗飘，满城都说工大好。”第二次是1958年，邓小平同志到哈工大视察，将哈工大定位为主攻尖端技术，为国防服务的重点大学。学校调整了专业，将土木系分出去成立建工学院，还成立富拉尔基分校，同时研制出尖端产品，加强了国防建设。第三次是在1976年之后，特别是经过“南迁北返”，哈工大教研力量分散削弱，学校经费十分短缺，吴林书记和杨士勤校长受命于危难之秋，领导哈工大率先创造出一校两制、大办科技园区，制定知识、经济相结合的办法，学校面貌大改变，学校声誉日隆。和俄罗斯合办研究院工作已经开始。他强调指出，思想要解放，不能只看国内的院校，要研究国际知名大学，看他们的科研经费，看它们的贡献。他最后指出，黑龙江省有丰富的资源，已进入工业化起飞阶段。哈工大要定位为以黑龙江为试验基地的为中国特色社会主义事业服务的大学，并就合作办学谈了看法。他深切地希望哈工大越办越好。

外地校友代表、南京校友会秘书长花蔚文在讲话中说，参加会议非常高兴，感受到朝气和活力。表示要和北京地区校友会加强联系，共同进步。最后她代表江苏校友祝大家新年好。

96岁的老校友、见过列宁的任栋梁先生因身体原因未能到会，他打电话来祝会议成功，向师长致敬，向校友问候。山西省校友会秘书长周德寿来电，祝大会成功，并希望两地校友加强联系，共同前进。

接着，演出文娱节目。开始，罗正都唱的俄语歌将大家的思绪带回到50年代，好像又回到松花江畔。高昂的《北京颂歌》，让人精神振奋。最后在孙丽和孙跃宏唱的“再过20年，我们来相会”的歌声中结束了会议。

窗外，瑞雪飘飘；室内，热浪融融。校友们盼望母校早日成为世界知名大学的心情溢于言表，校友们对母校的热爱、对师长的尊敬处处体现。

（文中讲话根据记录整理，未经本人审阅，仅供参考）

2002年12月22日，在国宏大厦召开“哈工大北京地区校友新年茶话会”，李昌校长讲话

会场（一）

李昌校长和朱育理

杨士勤讲话

王树国讲话

荣大成讲话

顾寅生讲话

海锦涛讲话

花蔚文讲话

李昌校长与校友亲切握手

会场（二）

会场（三）

会场（四）

会场（五）

三任校长在休息室

校友合影（一）

校友合影（二）

校友合影（三）

校友合影（四）

哈工大北京地区校友会第三届组织机构成员名单

（2002年12月22日通过）

（按姓氏笔画排列）

名 誉 会 长：李 昌

会　　　长：朱育理 刘忠德

副　会　长：王立臣 王永建 王铁宏 邓 伟 冯汝明 刚 杰 朱 华 朱育诚 刘文甲 杜 军 李绍业 李振邦 李树毅 杨天举 张青林 张俊生 张管生 郎惠生 赵炳璞 荣大成 郭铁良 海锦涛 熊 焰

秘　书　长：张管生

常务副秘书长：刚 杰 郎惠生

副 秘 书 长：丁传波 于 明 马振东 王有臣 付殿起 朱 彤 孙大力 刘旭晨 许杰峰 张立斌 杜焕生 李 杰 李德彪 陈 莹 海锦涛

曹克的诗词

恭贺李昌校长八十八寿辰
五言绝句

虎卧雄风在，
虬盘浩气存。
山高卓仰止，
岱重著昆仑。

迎 新 春

一元复始物开颜，明媚春光沐大千。
腊鼓迎新辞旧岁，桃符过节换楹联。
无情岁月增中减，有味诗书苦后甜。
举国欢庆十六大，莺花无限日高眠。

唐 多 令

皓鹤唱清音，青松献素心。
鹂鸣春，紫气东临。
仰止高山登岱岳，圆辰梦，会卿云。

竹劲节犹贞，黄花萼尚存。
抱茎香，不畏霜侵。
沥血呕心堪自慰，滋桃李，润芳春。

苏幕遮·瑞雪兆丰年

朔风吹，寒絮坠。寂静燕山，一夜披银被。
眼底良畴酣入寐。
玉榻琼茵，春梦催冬睡。
蛰还魂，凌滴泪。洁露清汁，甜润滋苗翠。
待到飘香千万穗。
碧海扬波，麦浪摇人醉。

沁园春·萦萱苑

暮赋闲轩，伏案雕虫，笔揽大千。
纳书山学海，行云纸上；松花水秀，沥墨毫端。
词媚抒情，诗庄言志。脑海思潮卷巨澜。
哈工大，素治学严谨，毓栋摇篮。

风拂柳浪莺喧。喜李绽桃开景满园。
赞松花黉泮，宏图丕振，登蟾折桂，勇气尖端。
俯仰沧桑，风云变幻，草木逢春花竞妍。
八十载，大江东流去，鼓浪翔帆。

沁 园 春

笔走龙蛇，怀抱芸编，魂绕芳洲。
藉松江风采，宏图丕振；奇峰挺秀，豪兴难收。
凝思灯前，情寄云外，沥血呕心苦索求。
鹂花去，忆同窗学子，几代风流。

高歌独上危楼。同伏案，当年几度秋。
溯囊萤照读，耕耘黉序；寒窗笑咏，四季相俦。
柳浪莺啼，枫涛雁叫，鹃唤春魂别绪稠。
归踪远，念音容笑貌，好梦难留。

金缕曲·缅故园

华发衷肠热，喜相逢，八十校庆，诞辰佳节。
休道莺花容易老，百代春光不泄。
润芳圃，重祯传业。
竖子误国成昨梦，笑佞奸，身败名俱裂。
螳臂折，自泯灭。

大江东去涛千叠。赞哈工风云儿女，几多英杰。
八秩辉煌堪倾慕，科教兴邦心切。
崛云梦，坚贞如铁。“三个代表”当铭记，
展雄风，跃进披新页。奋健翮，凌宵阙。

2003年7月17日
研讨“哈工大精神”座谈会

2003年7月17日，在三河市燕郊镇北京住总新月会议中心，哈工大北京地区校友会召开座谈会，研讨“哈工大精神”和研究北京地区校友会的工作。

参加会议的有北京地区校友会会长、原文化部部长刘忠德，北京市建委副主任王立臣，总装备部科技委常任委员冯汝明，国土资源部咨询研究中心副主任刘文甲，北京住总集团总经理郝有诗，北京首创股份公司副总李德标，建设部城市建设研究院教授许文发，中国兵总原民爆局局长王裕，国家体育总局原常务副书记赵炳璞，中国地区开发促进会常务副会长张管生，机科发展科技股份公司董事长海锦涛，建设部城建院高工郎惠生，国家计委产经联原副秘书长刚杰，中关村技术产权交易所总裁熊焰，中国建筑装饰工程公司经理孙大力，中建-大成建筑公司董事长王永建，北京机电所副所长陆辛，中关村百校信息园有限公司副总裁白秋晨，北京天融环保公司总裁朱彤，中国勘察设计学会咨询工作部办公室主任闫宪春，北京工商大学副教授韩梅林，总装备部高工夏文茹，机械科技信息院高工杜焕生等22人。会议由哈工大北京地区校友会常务副秘书长郎惠生主持。

与会人员认真学习顾寅生老师撰写的《与时代脉搏共振 与祖国发展同行——试论“哈工大精神”的形成与发展》（北京地区校友会将文件复印，人手一份），一致认为这是一篇好文章，是对哈工大在新中国成立以后，特别是改革开放以来，教育科研等方面工作的全面总结，回顾了哈工大成长壮大的历程，提出了“爱国精神、奋进精神、求实精神和团结精神”。与会同志感到很亲切，说出了我们的心里话。

刘忠德会长做了重点发言，他在讲话中回顾了参加哈工大80周年校庆的情况，在他代表校友讲话和创作《哈工大校歌》的过程中，就深深感受到“哈工大精神”。他说，1953年考入心目中最好的工科大学——哈工大，实现人生最初的重要追求，感到很自豪。时间很快，几十年过去了，但第一次听李校长、第一次听高校长讲话的内容言犹在耳。哈工大培养了学生永不消失的豪情壮志，给每个学生打下了深深的烙印。顾寅生老师的文章是很好的办学总结。“哈工大精神”是个性，是独特的。他已经给学校写信，说明“哈工大精神”是对理想的追求、对祖国的忠诚，是永不消失的豪情壮志，是对每个人打下的烙印。他说，经过风风雨雨，没停止对理想的追求，永远有豪情壮志，做什么事，都做得很好，而且要好得多，不声张。这就是“哈工大精神”。

王立臣副会长在讲话中说，信仰、精神、作风是综合的。校风激励学生前进，学校培养人才，服务社会，这是大学共同的任务。但每所学校有自己的特点，体现总的精神而不雷同。“哈工大精神”主要体现在：一是爱国精神，围绕国家需要，调整专业，适应社会和科技发展的需要，建国初期围绕156项工程建专业；考虑社会发展，率先调整专业，在国内没有时主动上新专业并达到国内领先，如王光远教授带头搞的模糊数学。二是奋进精神，适应时代，开拓进取。爱国是动力，进取是行动，结合起来就是主动适应国家需要。三是求实精神，不图虚名，踏踏实实，靠业绩干出来，如建设部城建院王铁红院长就是从基层干出来的。“哈工大精神”要表述出有自己特点的内容，要反复推敲，宁可晚一点，也要搞好。

冯汝明副会长在讲话中说，顾寅生老师的文章是按政治、思想、作风、修养四个层次阐述的。他在讲话中提出，“哈工大精神”要有定位，有学校、领导、教师、学生四个方面，如调整专业是学校的事，搞“五湖四海”是领导的事，严格要求是教师的事，基础扎实是学生的事。应侧重学生，因为学校搞的是教育，培养的是人才。着重在对学生打的烙印上。他还说，“哈工大精神”要有个性，学校搞教育服从国家、服务社会是共性，要总结出个性。最后他说，“哈工大精神”要体现现代精神，符合现代精神。

刚杰常务副秘书长介绍了学校讨论“哈工大精神”的计划安排，并介绍了其他学校的校训，北京大学的校训是：“思想自由，兼容并包”（以前的）、“勤奋、严谨、求实、创新”、“爱国、进步、民主、科学”（现在的）；清华大学的校训是：“厚德载物，自强不息”（选自《易经》）；北京师范大学的校训是：“学为人师，行为世范”（启功题词）。总结的“哈工大精神”要激励人心。

对“哈工大精神”如何概括，大家提出一些看法，主要有：

“理想、忠诚、壮志、脚踏实地、永远向前”（刘忠德）

“理想、忠诚、壮志、务实”（冯汝明）

“理想、忠诚、壮志、上进”（杜焕生）

“勇于创新、重视实践”（海锦涛）

“对上尊重不奉承，对下爱护不霸道”（郎惠生）

对哈工大北京地区校友会的工作大家表示积极支持，提出许多好的建议，如成立分会、建立活动基地，以专业或年级有组织地开展活动，形成网络，沟通信息、交流感情，发挥人力资源作用，开展业务活动，为母校发展、为社会前进做贡献。

会长朱育理因有重要会议，未能到会，他表示在认真研究后写出意见或进一步组织讨论。名誉会长李昌也非常重视“哈工大精神”的研讨。

在会议前夕，得知哈工大教授、中国工程院院士马祖光突然去世，大家深表惋惜，并致哀。

（文中讲话内容根据记录整理，未经本人审阅，仅供参考）

会场（朱彤摄）

校友合影留念（朱彤摄）

2003年12月29日
庆“神五”成功　哈工大校友新年联谊会

2003年12月29日，哈工大校友从四面八方汇集到北京友谊宾馆内友谊宫聚英厅（海淀区中关村南大街1号），欢庆“神五”上天，并祝贺李昌老校长九十寿辰。出席会议的有：

李　昌　哈尔滨工业大学原党委书记、校长，原中纪委副书记
冯兰瑞　哈工大政治经济学教研室原主任、中国社科院马列主义毛泽东思想研究所副所长兼党委书记，李昌夫人
王树国　哈工大校长
李　生　哈工大党委书记
杨士勤　哈工大原校长
顾寅生　哈工大校友总会常务副会长
朱育理　航空工业总公司原总经理，全国人大常委
刘忠德　文化部原部长，全国政协常委、科教文卫体育委员会主任
邵奇惠　机械部原部长，全国政协委员
朱育诚　北京市政协原副主席
沈元康　中国民航总局原局长
黄振声　中旅集团原董事长
张毓芬　黄振声夫人
裴　潮　华能电力集团原副董事长
王北新　中央统战部秘书长
任　俨　中国技术经济研究会原副总干事
李树毅　国家经委质量局原局长
何　龙　教育部原驻美使馆教育参赞
周贝隆　教育部原计划司司长
许达哲　航天科技集团公司副总经理、“神五”发射试验大队长
刘竹生　中国载人航天工程运载火箭总设计师
尚　志　“神五”副总指挥、空间技术研究院项目部副部长
杜兰库　航天一院副院长
黄本诚　航天五院科技委主任
张青林　中国建筑工程总公司党组书记
王立臣　北京市建委副主任

荣大成 建设部教育协会会长
郎惠生 未来集团 建设部城建院领导
冯汝明 总装备部科技委常委，少将
戚庆伦 怀化部队原政委，少将
李景煊 李昌校长原秘书
何轶良 哈工大教授
孟宏震 哈工大校友总会办公室主任
俞大光 工程院院士，工程物理研究院
钱皋韵 工程院院士，中核总公司
徐旭常 工程院院士，清华大学热能工程系
徐滨士 工程院院士，总参装甲兵工程学院
李正邦 工程院院士，钢铁研究院
王凤梧 哈工大吉林省校友会代表
花蔚文 哈工大南京市校友会秘书长
唐安阳 威海分校党委书记
乔晓林 威海分校校长
梁春荣 威海分校办公室主任
傅建军 华北航天工业学院办公室主任
季福坤 华北航天工业学院院长
郑效畏 郑州工程学院党委书记
赵榴明 郑州工程学院党办主任
王秉新 哈工大郑州市校友会代表
张管生 原天津轻工业学院院长
翟东群 北京电力管理干部学院副院长
于　恒 机械科学研究院原院长
海锦涛 机械科学研究院原院长
李绍业 中国建筑科学研究院副院长
王丙炎 中国精密机械进出口总公司总裁
刘　中 国都证券有限公司副总裁
凌　文 神华集团有限公司副总裁
綦淑兰 奎科公司总经理
胡靖宇 联想控股公司副总裁
刚　杰 产经联原副秘书长
熊　焰 中关村技术产权交易所总裁
（按登记整理，不分先后）

参加会议的还有各条战线上的英雄儿女和辛勤劳动者，共计500多人。

会议由北京地区校友会秘书长张管生主持。他在开幕词中说明了开会的宗旨。就是：庆祝“神舟五号”发射成功，赞扬哈工大校友和哈工大师生在这项工作中做出的杰出贡献；共祝老校长李昌90大寿，祝李昌老校长健康长寿；共贺新年到来，祝母校哈工大在2004年更加辉煌，祝哈工大师生员工和校友取得更大成绩，祝老领导、老教师和老校友健康长寿、阖家欢乐！

接着，由会长朱育理讲话。他在讲话中说，热烈欢迎大家光临“庆‘神五’成功 哈工大校友新年联谊会”。介绍了北京校友会的活动情况，祝贺参加“神五”研制工作的校友取得的丰硕成果，并祝李昌老校长健康长寿。参加“神五”研制工作的代表航天科技集团公司副总经理许达哲在讲话中介绍了“神五”的情况和哈工大校友的业绩。他说：“在载人航天工程的研制领域中，到处都能看到哈工大校友的身影，他们为中华民族写下了灿烂的一笔，为航天事业做出了重要的贡献。”他特别说：“哈工大校友做到万无一失，得益于母校‘规格严格，功夫到家’的优良传统，感谢母校的培养。”回想起在哈工大的七年生活，他万分感慨，他对航天的激情和对母校的热爱，深深地感染了在场的每一位校友。

哈工大校长王树国在讲话中介绍了哈工大近期取得的成绩，特别是在“神五”工作和航天事业方面取得的成绩。他说：“今天这样一个主题，这样一个时刻，使每一个哈工大人都感到非常自豪和光荣。感谢航天界的校友，感谢各条战线的校友，为母校增添光彩。”

这时李昌老校长来了。会场上响起热烈的掌声，表达了大家对李昌老校长的无比敬意和深切思念。

北京校友向参加“神五”工作的哈工大校友代表献花。直接参加“神五”工作的哈工大校友有一百三十多人，由他们的杰出代表许达哲，中国载人航天工程总设计师刘竹生，“神五”副总指挥、空间技术研究院项目部副部长尚志接受献花。他们在热烈的掌声和悦耳的歌声中，手持鲜花和李昌老校长及其他母校领导合影留念。

哈工大北京地区校友会会长刘忠德讲话。他祝贺参加“神五”工作的校友取得的丰功伟绩，祝福李昌老校长健康长寿，同时说明母校80周年校庆回校的情况，特别说明创作《哈工大校歌》的经过，强调指出对哈工大的感受就是“理想、忠诚和永不消失的豪情壮志”。之后，由孙跃红和孙丽演唱《哈工大校歌》，那对母校的深切情怀和震撼人心的歌声深深地感染了各位校友。

哈工大原校长杨士勤也即席讲话，他深切回忆李昌老校长呕心沥血的感人事迹，为哈工大的发展奠定了雄厚的基础，祝愿李昌老校长身体健康。

北京校友代表熊焰给李昌老校长献花。北京校友代表海锦涛和郎惠生给李昌老校长献生日蛋糕。哈工大党委书记李生代表学校给李昌老校长祝寿，并敬献上“仁者寿”的条幅。北京老校友代表北京电力管理干部学院副院长翟东群、中国工业经济联合会的宋占江、清华大学教授孙金龄和原机械工业部信息中心主任付津生给李昌老校长敬献“寿”字条幅和两个寿桃，哈工大山西校友会给李昌老校长敬献了大花篮。哈工大吉林校友会代表王凤梧、哈工大威海分校校长乔晓林和河南校友代表郑州工程学院党委书记郑效畏也在大会上讲话，庆“神五”成功，祝李昌老校长万事如意、健康长寿。

大会收到外地校友给李昌老校长的贺信贺电有32封，北京地区校友的贺信刊登在当天发的《哈工大北京地区校友会工作简讯》上。年轻校友中纪委的任显文给李昌老校长敬献写有诗词的横披。李昌老校长身体欠佳，在别人的搀扶下还是站在麦克风前读完了《纪念毛泽东同志110周年诞辰》的文章，体现了一心关心教育事业、关心国家大事、关心老区人民的品格风范。在“祝你生日快乐”的歌声里，李昌老校长切开了生日蛋糕，大家共祝李昌老校长“寿比南山不老松”，期待百岁华诞再来庆贺。

沈阳校友以特快专递邮来鲜花，祝贺李昌老校长生日快乐。

哈工大教授袁哲俊和周定夫妇等人专程从哈尔滨来到北京参加大会，为李昌老校长祝寿，并会见老朋友。

大会上得到航天科技集团办公厅副主任

华崇志和哈工大教授何铁良的大力支持，我们表示衷心感谢。

这是哈工大和哈建大北京校友会合并后，在京举办的第一次大型活动，校友会理事和联络员积极通知本单位、本年级和其他校友，特别是北京航空航天大学与航天一院和五院502所的联络员工作认真，积极组织校友参加。

正是：

友谊宫里话友谊，聚英厅里聚英豪。

欢声笑语同庆贺，期待明朝更辉煌。

注："神舟五号"载人飞船是中国首次发射的载人航天飞行器。它于2003年10月15日9时在酒泉卫星发射中心发射，将航天员杨利伟及一面具有特殊意义的中国国旗送入太空，2003年10月16日6时23分返回。"神五"的成功发射飞船标志着中国成为苏联(俄罗斯)和美国之后的第三个将人类送上太空的国家。它是我国在航天技术上的又一座里程碑。

诗　两　首

许达哲

一

铁塔雄风映朝晖，
高歌一曲箭入轨。
华夏南北翘首望，
太空英雄完美归。

二

中秋何处月最美，
塞外戈壁黑河水。
共圆中华飞天梦，
神箭神舟显神威。

（选自2003年10月23日《哈工大报》第八版）

贺“神五”成功

木　土

广袤黄沙蛟龙盘，
将军令下飞红焰。
霹雳声中鹤冲天，
静寂太空游新船。

无垠碧野展新颜，
寰宇扬威神舟还。
捷报频传军民欢，
更上层楼战犹酣。

长 城 行

建军七十七周年之际，有感于我国的航天和国防建设

任显文

轻舒紫带上重霄，	边声昔冷千秋月，
动地风来万壑涛。	意气今欺百代豪。
但见群山如赶马，	万里长空挥广袖，
又闻苍海似腾蛟。	九天为我起狂飙。

注：紫带，最初的长城为紫色土所筑，故长城又被称为紫塞。这里用紫带指长城蜿蜒如带。

哈工大领导和航天校友

北京校友代表张管生、海锦涛和郎惠生向李昌校长敬献生日蛋糕

北京老校友向李昌校长敬献“寿”字条幅

北京校友任显文向李昌校长敬献诗词横披

会场（一）

冯兰瑞和李昌

朱育理和李生

王树国、杨士勤和刘忠德

朱育诚、王立臣和荣大成

会场（二）

张管生讲话

李昌讲话

王树国讲话

校友讲话

吉林王凤梧讲话

尚志、许达哲和刘竹生

校友合影（一）

校友合影（二）

恭贺李昌校长九十寿辰

曹 克

五言绝句

虎卧雄风在，

虬盘浩气存。

山高卓仰止，

岱重著昆仑。

四言古诗

青松不老，

奇峰挺秀。

风范长存，

仰止高山。

颂李昌校长（五律）

黉天出彩霞，沃土毓英才。

锦绣哈工大，金秋送爽来。

莺燕欢歌舞，桃李笑颜开。

寿与青山在，春风永不衰。

敬赠李昌老校长

任显文

呼声雷动为图存，投笔从戎百战身。

才入中台襄伟业，又驰北国播卿云。

仁怀社稷仁无限，德化春风德有邻。

回望云程堪笑慰，光齐牛斗照来人。

注：前两句指李昌校长在清华大学念书时，组织并参加了“一二•九”和“一二•一六”抗日救亡运动，随后投身革命，参加了抗日战争和解放战争。

敬赠我的母校

任显文

开天辟地踏新程，直上杏坛挥大旌。

壮士肩承强国梦，芸窗光映启明星。

锋凝剑气昭青史，鹏挟风雷问紫冥。

八秩春秋歌满路，横磨十万作干城。

注："神五"飞天，母校是受到奖励的唯一高校。写这首小诗，谨向母校致以崇高敬意。首句指新中国成立后，母校是苏联帮助我国重点建设的两所大学之一，并一直得到国家重视。杏坛：孔子曾在杏坛上讲学。壮士：母校老中青三代老师，被称为三代"八百壮士"。锋：母校主楼，仿莫斯科大学主楼建造，中部有高高的塔尖，恰如倚天长剑。鹏：飞船。紫冥：极高的天空。末句指母校几十年来培养的十余万学子。

回　母　校

任显文

故园非复旧亭台，桃李成蹊百萼开。

满目高楼连广宇，胸怀世界育英才。

2004年9月11日
哈工大校友马祖光院士先进事迹报告会

2004年9月11日上午在机械科学研究院（海淀区首体南路2号）14层召开“哈工大校友马祖光院士先进事迹报告会”。会议由校友会副会长、机科发展科技股份有限公司董事长海锦涛主持。参加会议的有哈工大老校长李昌，哈工大原副校长张真，哈工大党委副书记崔国兰，哈工大教授马洪舒、教授王雨三、教授陈德应、副教授陈丹梅和宋要武博士，工程院院士、中国工程物理学研究院俞大光，工程院院士、核工业集团科技委钱皋韵等，还有马祖光院士的生前好友、邻居、研究生、学生、同一党支部的党员，共约100人。

首先，宋要武介绍了马祖光院士的生平和获得的荣誉称号。大屏幕映出总的题目《永恒的光：国防科技工业战线楷模——马祖光院士》。哈工大教授马洪舒讲第一部分：爱国爱党，甘于奉献。介绍了马祖光幼年家贫，认识到国家落后人民遭殃，立志为强国奋斗。20世纪80年代在德国进修，做出了重要成绩，也坚定了建设好强大祖国的决心。为国家买仪器设备，奉献自己得到的补贴。呕心沥血，敬业爱岗。与马祖光院士共事33年的王雨三教授讲第二部分：励精图治，勇攀高峰。介绍了马祖光院士和同志们的艰苦创业历程、取得的科研成果与获得的奖励，以及为经济和国防战线做出的重要贡献。马祖光院士的学生陈德应教授讲第三部分：厚德博学，大师风范。介绍了马祖光院士培养人才，甘为人梯，为国育人，以身作则。副教授陈丹梅讲第四部分：相濡以沫，真爱永存。介绍了马祖光院士对家庭的关爱，对子女的教育，展示了一个共产党员的胸怀。最后，宋要武博士做总括发言，他说：“马祖光院士是我们永远的楷模，我们要继承马祖光的遗志，将哈工大早日办成世界知名高水平大学，发扬马祖光精神，再创辉煌。马祖光是永恒的光，永远指导我们前进。”

91岁高龄的李昌老校长也在会上发言，题目是“学习马祖光，要落实到行动”。他提出学习马祖光，首先要提高办学水平，像马祖光院士一样培养人才、出成果。其次要提高学生的学业水平，并提出学业水平的五条标准（为人民服务的理想、高尚的道德情操、掌握现代科技知识、遵纪守法、反对邪恶的勇气）。最后，要发挥校友会的作用，提出办老年大学，发挥余热。

与会校友，深受感动，台上讲的同志情真意切，台下听的校友热泪盈眶。听了这生动、真实的报告，引起老年校友的回忆、深思，中青年校友感到增添了力量，找到了榜样，决心在不同的岗位上努力做好工作，为社会主义建设贡献力量，为母校争光，为国争光。

大家表示，马祖光院士是新时代知识分子的楷模，是德高望重的专家，是有重大贡献的院士，是培育人才的教授，我们要很好地学习他，要继续收看中央电视台的新闻联播节目中有关学习马祖光院士的内容，学习马祖光院士的先进事迹，宣传马祖光院士的先进事迹，让革命之光永远传递下去。

（发言内容根据记录整理，仅供参考）

附：李昌校长在2004年9月11日会上发言稿
学习马祖光，要落实到行动

马祖光院士是哈工大激光专业的创始人，激光科技发明家，国家激光重点实验室的奠基者和领导人。他是教育战线的楷模。我们这次学习马祖光座谈会的主题是“进一步了解和学习马祖光院士的先进事迹，大力弘扬马祖光院士热爱祖国、无私奉献的精神风格”。我强烈和深刻地感到，学习马祖光，要落实到行动。首先要落实于马祖光院士所在的哈工大，提高哈工大办学水平和培养学生的学业水平，赶上世界一流的大学，更好地为祖国和人民服务。

改革开放以来，两弹一星的研制，“神舟五号”载人飞船和哈工大牵头的实验小卫星发射成功，哈工大做出很大贡献，表现出较高的科研水平。但深入考察发现，学校总的教学水平（质量）却在下降。大学的根本任务是培养社会主义建设的人才，他们要有尖端科技创新的知识、理论创新的能力。因此，学习马祖光院士要落实到行动，要落实到大学水平的两提高。

第一，是办学水平的提高。既提高科研水平，又提高教学水平。马祖光院士在哈工大创建的激光专业就体现了办学水平的提高。马祖光院士培育了一批激光专业的教授、副教授、研究员和副研究员。要建设大学办学水平的评估体系，着重科研的，按其业务成就评为研究员、副研究员；着重教学的，同样按其业务成就评为教授、副教授。在市场经济体制下，岗位薪金和知识产权专利也要同样按贡献付酬，或授奖。

第二，是培养学生学业水平的提高。当前迫切需要建立学业水平的评估体系，依据邓小平理论和“三个代表”重要思想，我试提出大学学业水平的标准。

1. 牢固树立大学生要为国家和人民做贡献的理想抱负。

2. 培养自觉忠诚服务祖国和人民的道德情操。

3. 与时俱进，掌握现代科学知识，并有运用能力。

4. 成守法遵纪、维护社会秩序的作风。

5. 铸成反对邪恶、危害的勇气和决心。

第三，大学校友会聚集上述学业水平的人才，但离退休的校友缺乏老有所为的空间。他们有长处，就是具备上述学业水平，而且有丰富的实践经验；也有短处，就是原有知识面不够宽广，退休后，服务能力受到限制，不进则退。这次座谈会能否发展成为经常的落实学习马祖光精神的组织？比如说，成立一所联合的老年大学（现在很多大学都有老年大学），联合起来力量大，特别是用生命科学武装起来，寿命可延长到百岁以上，现在规定65岁以上科教人员和干部就退休，从65岁到100岁计，就有一代知识分子可发挥作用，对国家和人民的贡献是无可计量的。我本人今年91岁，我动脑动手，使生命有价值，就是印证。但是独木不成林，渴望和大家联合起来，共同实现叶帅震撼老年人心灵的名句："老夫喜作黄昏颂，满目青山夕照明。"

缅怀马祖光教授

曹 克

七 绝

八方风雨会江滨，毓秀钟灵念一人。
半世为国培栋梁，又弘科技振邦魂。

七 律

黉园桃李竞妍开，梦断恩师不复回。
尽瘁鞠躬垂典范，沥血呕心育英才。
披荆斩棘攀高岭，纵马攻关骋壮怀。
一代精英追日去，常使学子泪盈腮。

海锦涛主持

91岁的李昌校长讲话

校友讲话（一）

校友讲话（二）

校友讲话（三）（海锦涛摄）

会场（一）（海锦涛摄）

会场（二）（海锦涛摄）

校友合影（海锦涛摄）

2004年10月下旬
响应母校设立“校友爱心奖学金”倡议开展捐款助学

2004 年 10 月 20 日，哈工大校长、哈工大校友总会会长王树国给校友们发来一封信——“关于设立‘校友爱心奖学金’给校友们的信”和《关于设立哈尔滨工业大学校友爱心奖学金的若干意见》，北京地区校友会接到信后，马上转发给大家。并起草了一封信，请大家按母校的要求，积极行动，尽力而为，办好这一件事。信的内容主要是：

中华民族历来有“行善积德”的光荣传统，许多人家中挂有“厚德载福”的条幅，教育子女要多做善事，为自己、为子孙、为社会造福。北京群众有助人为乐的崇高精神，热心公益事业，一人有难，八方支援，为灾区、为病人捐钱、捐物的事迹层出不穷，显现出高尚的道德风尚。哈工大校友素有团结友爱的精神，同学间互相关心、互相帮助蔚然成风，昔年曾有“小小公社”的创举，一时传为美谈。

现在，母校经济困难的学生已占在校生的 20 %，特别困难的学生占 10 %。为了帮助品学兼优的家庭经济困难学生渡过难关，顺利完成学业，母校向我们发出号召，积极参与“校友爱心奖学金”活动，奉献我们的一片爱心。我们北京地区校友要积极响应母校的号召，发扬首都人民助人为乐的精神，助力“校友爱心奖学金”。

许多老校友出身贫苦，在校享受助学金待遇，才顺利完成学业，在以后的工作中努力回报国家，回报人民，兢兢业业，为祖国的建设和发展大力贡献智慧和辛勤的汗水，为社会主义祖国的强大献出了力量。现在大多离退休了，安度晚年，在夕阳红的日子里，我们希望他们能像昔日别人关心他们一样去关心在校有困难的学生，献出微薄之力。

许多中青年校友学有所成，赶上改革开放的好时代，在经济建设和国防建设中贡献聪明才智。有的自己创业，打出一片天地，成为社会的重要力量。我们希望他们能回报社会，首先回报母校，响应母校的号召，贡献一片爱心。

校友们接到信后，相互转告，特别是联络员通知本单位、本年级、本专业的校友，积极参与这一活动。校友会理事起带头作用，以身作则。

校友们纷纷响应，表示支持，采取行动，奉献爱心。初步得到的校友给母校捐款的情况是：

裴　潮 1 000 元 王莱瀛 1 000 元
于　恒 1 000 元 吕　放 1 000 元
赵臣纲 200 元 任显文 500 元
王仁智 8 000 元 黄振声和张毓芬 25 000 元
陆纪培、罗克然 5 000 元
朱　彤、王新红、赵文峰、郭　炜、宋茂群 20 000 元
周友楠 2 600 元 杜焕生、刚　杰 2 000 元
向熙阳 1 000 元 张青林 1 000 元
北京建材校友分会 10 000 元

在青年校友网站（hitbj.t365.com.cn）上也有几十位校友向“校友爱心奖学金”捐款。还有一些校友给母校捐款没有通知我们，甚至于有的校友根本就没有留下名字。我们这里是开始的情况，详细情况在《哈工大人》上刊登。

在《哈工大人》2005 年第二期《奉献爱心汇暖流》中有“校友爱心助学金捐资芳名录”，里面有北京校友的捐款情况。除了上面提到的校友，尚有：

朱育诚、邓燕平 10 000 元 敖　华、
敖重宇 2 000 元 徐滨士 2 000 元
何　龙 2 000 元 王文逵、周家锵 1 000 元
吴方宜 1 000 元 俞大光 1 000 元 徐伯琴 1 000 元
李铁柏 888 元 任显文 500 元 周浩敏 500 元
钟明章 300 元 刘振起 500 元 刘　鹏 200 元
段振宇 200 元 杨志娟 200 元 俞乃岳 200 元
朱　雁 200 元 荣国浚 100 元 郎惠生等 600 元

在《哈工大人》2006 年第一期“校友爱心助学金捐赠芳名录（二）”中还有：

黄振声和张毓芬 25 000 元（第二次捐献）
王世望 2 000 元 王仁智 2 000 元 李道恺 1 000 元
顾　林 500 元 张　青 500 元 顾　国 500 元
林　萍 500 元
北京建材校友分会 10 450 元（前面已经捐献 10 000 元）

北京青年校友分会 53 950 元，其中：

杜　军（五系）5 000 元 陈江涛 5 000 元
王　耀 3 000 元 熊　焰 3 000 元 白秋晨 3 000 元
任军秋 3 000 元 李爱文 2 000 元 吴　玉 2 000 元
郭为光 2 000 元 于　明 1 000 元 李振明 1 000 元
丁传波 1 000 元 李明树 1 000 元 邵广禄 1 000 元
吕向东 1 000 元 黄江川 1 000 元 林　飞 1 000 元
董培江 1 000 元 王秀强 1 000 元 洪明善 1 000 元
钱向阳 1 000 元 刘志硕 1 000 元 刘英娜 1 000 元
吴　双 1 000 元 祝龙双 1 000 元 崔学海 500 元
郭永发 500 元 罗　斌 500 元 江为民 500 元
赵瑞辉 500 元 景春梅 500 元 崔晓健 500 元
贾　栋 500 元 刘庆波 500 元 张玉杰 500 元
杜　军 500 元 蔡鹏飞 500 元 潘宏福 500 元
朱良华 500 元 金靖寅 500 元 刘柏岩 400 元
王　平 400 元 杨　钧 300 元 韩　华 300 元
刘文波 300 元 孙跃宏 300 元 蒋宗礼 200 元
刘卫平 200 元 王嘉诚 200 元 刘国朋 200 元

周贤德 200 元 孙毓星 200 元 付林林 200 元
马振东 200 元 石向宇 200 元 王艺军 200 元
杨　光 150 元 徐　昕 100 元 张邵杰 100 元
吕占海 100 元 姜　誉 100 元 董山川 100 元
骆　静 100 元 高东辉 100 元 李东江 100 元
齐　艳 100 元 冯晋春 100 元 任显文 100 元
丁竹生 100 元 黄萌凌 100 元 孙旭飞 100 元
许　峰 100 元 肖长杰 100 元 徐　锐 100 元
王　云 100 元 赵等君 100 元 何一为 100 元
吕庭弄 100 元 肖云良 100 元 李　薇 100 元
杨海峰 100 元 鲁东辰 100 元 张国园 100 元
何星圻 100 元 李红星 50 元 舒明磊 50 元
王大方、贺业通 500 元（写在焊接 55 级班集体捐款中）朱　华 1 000 元

据不完全统计，捐款总计 196 688 元。

捐 款 信

哈工大校友总会、北京地区校友会：

每个人的十八到二十多岁是人生观的启蒙时期，是母校哈工大给予了我们滋润的乳汁，所以她是我们人生观的母亲、知识观的母亲。

远离母校的学子的心情，就如同远离祖国的华侨一样，日夜企盼母校的发展和祖国的富强。那是一份情感、一份信念，那是发自心底深处的一份自信的源泉。母亲的美丽和强大，会使每一个儿女感到由衷的自豪和自信。

我们离开母校已经十余年了，无时无刻不在努力奋斗，希望给母校带来荣光。当听有人说“你们哈工大人功夫都是这么厉害吗”的时候，谦虚低调之余那种欣喜只有校友才能明白。母亲般的哈工大！我们一定用成绩报答您的养育！母校的呼唤给了我们渴望报效的惊喜，尽管成绩微小、能力有限，但两万元钱是我们的心意。今后我们还将努力工作、发展自我、报效祖国、报效母校，每年我们还将根据公司的发展情况继续捐助贫困的师弟、师妹们，不断为“校友爱心奖学金”添砖加瓦，为母校排忧解难，也从中修炼自身的爱心品德。

捐款人：北京天融环保（集团）公司经营团队的哈工大校友

8763 班朱彤、郭炜

8765 班王新红、赵文峰

8965 班宋茂群

2005 年 1 月 20 日

2005年1月22日
哈工大北京校友会二〇〇五年春节茶话会

2005年1月22日，哈工大北京地区校友会在机械科学研究院14层会议室召开“哈工大北京校友会二〇〇年春节茶话会”。参加会议的有机械工业部原部长邵奇惠、中国工程院院士徐滨士、哈工大校友总会常务副会长顾寅生等，共有150多名校友参加。会议由北京地区校友会秘书长张管生主持。

首先，张管生介绍了参加会议人员，并说明了开会的内容。之后，常务副秘书长郎惠生传达了母校2004年12月18至19日在哈尔滨召开的第二届海内外校友工作研讨会情况，介绍了母校提升人才素质、科技成果转化和争办世界一流大学的情况，以及建立“校友爱心奖学金”的意义。副秘书长朱彤宣读了王树国校长关于设立“校友爱心奖学金”给校友们的信。

校友总会常务副会长顾寅生介绍了哈工大工作的指导思想和近期发展情况，着重说明了资源卫星一号、学习马祖光教授活动、校园二期建设、科研情况，以及威海校区、深圳校区的发展。并说明了“校友爱心奖学金”的由来和校友强烈回报母校的愿望。

常务副秘书长刚杰宣读了校友总会办公室整理的《真情凝聚　爱心助学》，介绍了各地校友捐款情况；宋茂群代表朱彤等5名校友宣读了捐款信，并捐款20 000元。张管生宣读了已经了解到的北京校友捐款名单。

在自由发言中，中国建筑工程总公司党组书记张青林首先讲话，他强调指出，应动员全社会的力量帮助困难学生，达到社会和谐发展。他用亲身经历，叙述在“送温暖”活动中的感触，他们企业帮助了本单位职工子女中有困难的大学生92名，并表示这次再捐款1 000元。青年校友会秘书长于明代表青年校友表态，要尽最大努力去帮助困难校友。北京市建委原副主任王立臣在讲话中阐明助学的三种方式：一是个人捐助，哈工大北京地区土木系校友按年级发动，自愿捐助，分头组织；二是企业赞助，这是企业的社会责任，正在发动之中；三是开展有益的活动，赢利助学，这要建立一个机制，在商务活动中，取得实效，成为助学来源。并重点谈了校友资源的利用。建材分会会长于国亮在会上介绍了分会活动情况（校友交流、学术活动和事业发展的平台），并表示分会捐款10 000元。暖通分会秘书长闫宪春和校友王世宽也在会上介绍了情况和体会。

至此，北京地区校友正式启动“校友爱心奖学金”的宣传、落实工作，会议要求北京地区校友加强联系，广泛宣传，积极参与，以实际行动回报母校、回报社会。我们相信，在不久的将来，将有更多的校友参加捐款，为母校的经济困难学生求学创业贡献一份力量。

在会后，校友们相互畅叙友谊，交流信息，加深了感情。

张管生主持

刚杰宣读文件

张青林讲话

顾寅生讲话

张管生讲话

王立臣讲话

朱彤宣读捐款信

郎惠生讲话

校友合影

2005年6月5日
哈工大北京地区校友庆祝母校建立85周年大会

2005 年 6 月 5 日，在中彩酒店 3 层（广安门南街 48 号），哈工大北京地区校友会召开“哈工大北京地区校友庆祝母校建立 85 周年大会”。出席会议的有老校长李昌、哈工大北京地区校友会会长朱育理、哈工大党委副书记董书民、中国工程院院士俞大光、原哈建工党委书记荣大成等，共 200 多人。会议由哈工大北京地区校友会秘书长张管生主持。张管生宣布开会后，首先介绍出席会议的领导和院士，之后致欢迎词并说明了会议的宗旨。接着，北京地区校友会副秘书长郎惠生宣读北京地区校友给母校的贺电。会长朱育理讲话，他代表北京地区校友祝贺母校 85 年来取得的辉煌成绩，向哈工大全体师生员工表示诚挚的敬意！他殷切地希望“规模扩大了，更要注意质量；学科拓宽了，仍须办出特色”。最后他号召大家以各种方式支持哈工大博物馆的建立。之后，董书记介绍了哈工大近期在教学、科研、精神文明建设等方面取得的令人兴奋的成果和建设世界一流大学的前景，他最后说：“校友为母校出力的涓涓细流汇成巨流，将哈工大的巨轮送向远方。”北京地区青年校友会会长熊焰代表青年校友祝贺母校建立 85 周年，并希望母校突出重点、凝聚人才，早日建成世界一流大学。北京建材协会理事长王立臣代表中年校友祝贺母校建立 85 周年，他希望母校要办出品牌、办出特色、加强基础建设。校友关心母校的发展，支持母校发展。中国工程院院士俞大光代表老年校友祝贺母校建立 85 周年，并表示一定尽力支持哈工大博物馆的建设。老校长李昌非常关心哈工大的发展，为本次会议特地打印出发言稿，他在讲话中十分中肯地、一针见血地表明了对哈工大发展的意见，他希望哈工大早日建成世界一流大学。北京市政协原副主席朱育诚和同济大学机械系原教授侯镇冰也在会上讲话，祝贺母校建立 85 周年。

主席台

李昌校长讲话

会场

董书民和李昌

校友合影（一）

朱育诚讲话

校友合影（二）

张管生

王立臣讲话

校友合影（三）

于明、白秋晨、马振东、王嘉诚等校友合影（海锦涛摄）

北京地区校友给母校的贺信

哈工大校友总会：

值此母校建立85周年之际，我们北京地区万余名校友向母校表示衷心祝贺，祝贺母校在过去的岁月里取得的辉煌业绩，并预祝母校在未来的时光里再创辉煌，进入世界一流学府的行列！

回顾这85年，真是令人感慨万千。我们的国家经历了大的动荡，承受了战争的洗礼，真是经历了风风雨雨。自实行改革开放政策以来，东方巨龙猛醒，我们的国家发生了翻天覆地的变化，越来越富强，人民生活越来越好。敬爱的母校在这85年中，由建立到发展，由弱小到强大，也经历了日伪统治，政治运动的沟沟坎坎，“南迁北返”的动荡，直到在改革开放的大好日子里获得蓬勃的发展。这一方面是党的政策好，另一方面也是全校师生和领导苦心经营、奋发图强的结果。我们向为母校取得荣誉、取得进步而不懈努力的全校师生员工表示敬意！

在大学的日月，是建立人生观、确定就业方向的重要阶段，也是我们学习知识、身体成长、意志磨炼、智慧发展的重要阶段。我们永远不能忘记大学的生活，师生的情谊，母校的温暖。我们莘莘学子深深感谢那些为我们成长而呕心沥血的老师。我们要继续为母校争光，为母校的发展贡献力量。

未来的征程任重道远，世界的高峰等待人们去攀登。我们希望母校发扬光荣传统，继承先辈的遗志，再接再厉，争取早日办成世界一流知名大学！

此致

敬礼

哈工大北京地区校友会

2005年5月24日

贺哈工大建校85周年

沁 园 春

曹 克

日照松江，川泛涟漪，柳浪莺喧。
溯春风化雨，钟灵毓秀；先师授业，桃李争妍。
八五春秋，百千壮士，织出彩虹一片天。
迎新纪，崛国魂云梦，戮力登攀。

教科驰骋前沿。创国际一流大学园。
喜理工经管，齐头并举；军工民用，设置周全。
火箭卫星，宇航探奥，历尽艰辛谱壮篇。
天地转，大江东流去，鼓浪翔帆。

母校85华诞有感

任显文

薪传欧陆，求真为纲。
屡经磨难，愈挫愈强。
擎天巨柱，国家脊梁。
雄踞鸡首，领袖八方。

注：末句意为我国地图似雄鸡，母校正好位于头上，寓意母校再创辉煌。

2005年11月26日
“哈工大北京校友活动基地”揭幕仪式

2005年11月26日上午在昌平区回龙观镇霍营举办了“哈工大北京校友活动基地”揭幕仪式。参加仪式的有哈工大北京地区校友会副会长王立臣、海锦涛、熊焰，常务副秘书长郎惠生、刚杰，副秘书长王有臣、杜焕生，青年校友会秘书长于明，还有专程从母校来的哈工大校友总会办公室主任孟宏震，共约80人。

仪式主持人于明向大家介绍了与会主要人员。哈工大北京青年校友会会长熊焰介绍了基地成立的经过和目的。他说，校友们希望有一个活动基地，现在由青年人办起来了。作为校友交流、会友、活动的基地，希望大家支持它、爱护它。刚杰代表老校友对基地的成立表示热烈祝贺，并说这个基地的成立是北京青年校友实力的体现、智慧的结晶，青年校友为大家做了一件好事。孟宏震代表校友总会对基地的建立表示祝贺，他说，在全国96个哈工大校友会中，北京地区校友会的工作始终是走在前面的，这次又开创了新局面，做出了新尝试。期望将基地办成功，届时在这里开现场会。

之后，在震耳欲聋的鞭炮声中，由王立臣、海锦涛、熊焰、郎惠生为基地揭幕，在影壁上露出“哈尔滨工业大学校友活动基地”几个蓝色大字，在初升的阳光下显得刚劲有力，向人们展示出勃勃生机和青春活力。北京天融环保公司送的花篮放在两侧，阵阵鞭炮的硝烟冲上云天。

最后，于明对大家说：“让哈工大北京校友活动基地这棵小苗，在大家的扶持下，迅速长成参天大树！”

原校长杨士勤题词：贺哈工大北京校友活动基地成立　母校情怀　同饮共聚

基地由于明和北京格林豪尔房地产经纪有限公司总经理崔学海等人运筹、出资兴办，地址在昌平区回龙观镇霍营，在地铁（原称轻轨）霍营站东侧。设有篮球场、网球场、壁球场、羽毛球场和乒乓球室，供校友活动用，适当收费，价格低廉。备有餐厅，东北风味，物美价廉，欢迎校友到活动基地来。

基地创办人崔学海和杜焕生

揭幕后的铭牌

天融环保集团送的花篮

崔学海

于明讲话

熊焰讲话

刚杰讲话

孟宏震讲话

聚餐（一）

聚餐（二）

仪式现场（海锦涛摄）

校友合影（一）（海锦涛摄）

校友合影（二）（海锦涛摄）

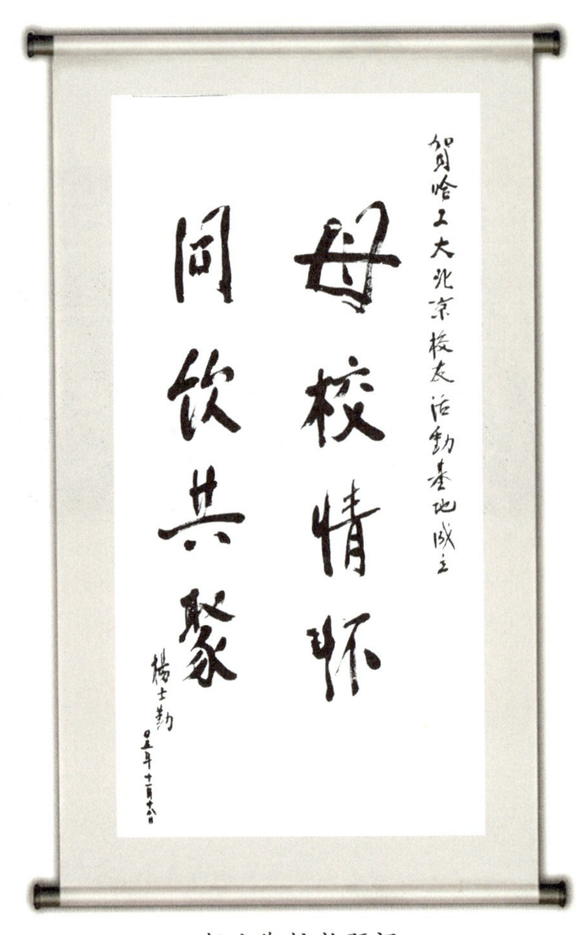

杨士勤校长题词

校友合影（海锦涛摄）

2005年12月25日
哈工大北京校友新年联欢会

为了迎接新年，哈工大北京地区校友会于2005年12月25日上午在北京基辅罗斯餐厅（玉渊潭南路普惠南里13号）召开“哈工大北京校友新年联欢会”。会议内容：一是庆祝新年，校友联欢。二是欣赏俄罗斯歌舞。三是校友相互畅叙友情，交流信息，增进友谊。出席会议的有北京地区校友会会长朱育理和刘忠德，副会长王立臣、朱育诚，哈工大党委书记郭大成、校长王树国，威海校区党委书记唐安阳、校长乔晓林，中国工程院院士俞大光，校友会秘书长张管生，常务副秘书长郎惠生、刚杰，共约200人。

会议由校友会副会长海锦涛主持。由常务副秘书长刚杰介绍参加会议的领导和来宾。校友会会长朱育理致辞，他首先祝大家新年快乐，在新的一年里取得更好的成绩。他说，要继承哈工大优良传统，求实、求是、求新、团结、奉献；要弘扬航天精神，学习为航天做出巨大贡献的同志；要学习我们的典范马祖光老师。

哈工大党委书记郭大成和校长王树国在京参加高校工作会议，也来参加联欢会。郭大成书记说，和校友们见面非常高兴。到哈工大一年零四个月，边工作边学习。哈工大精神，求实、求是、求新，是历史的沉淀，有丰富的底蕴。学校要为航天事业做贡献，为经济建设和国防建设做贡献。他希望校友回母校讲历史、讲贡献。校长王树国代表学校衷心祝愿大家新年好。他介绍了哈工大的新发展、新进步。哈工大与俄罗斯最好的工科学校鲍曼技术大学等合作，取得了新进展。成功发射了小卫星，以后每年要发射一颗，确保哈工大在卫星技术方面站在前边。各兵种把哈工大作为最主要的力量，造船方面也是主力，承担核技术、航空材料方面的课题，还有节约水资源、防止污染环境的研究。国家需要的，别人不能做的，哈工大要能做，急国家所急。大家都能做，哈工大要做得最好。他介绍说，深圳研究生院全用英语讲课，提高英语水平。他说，校风好，出来的学生就好，贡献大。主持人海锦涛代表校友感谢母校的培养，感谢师长的教育。

威海校区党委书记唐安阳代表本校向北京地区校友会表示感谢，感谢在威海大学建立二十周年庆典活动中北京校友的大力支持。他介绍了威海校区的情况，校区占地 2 300 亩，有本科生 9 000 多人。最后他祝大家新年快乐。

青年校友会秘书长于明在讲话中祝大家新年愉快。他介绍北京校友活动基地的情况，基地在霍营城铁车站东边，是在校友的支持下，大家出地出钱出力，群策群力建立的，为大家提供活动场所。现在是刚破土的小芽，希望在校友的扶助下，长成参天大树。

会上，会长朱育理用俄语朗诵《俄罗斯国歌》。校友荣国浚（北京服装学院教授）朗诵了新作《冰城学子吟》（附后）。老校长冯仲云的女儿冯忆罗向校友会捐献《东北抗日联军歌曲集》，并即兴讲话。

午餐时，俄罗斯功勋演员演唱俄罗斯歌曲《莫斯科—北京》《共青团员之歌》《喀秋莎》《三套车》等。那悠扬的琴声，将大家带到年轻的时代；那悦耳的歌声，将大家带到哈工大的校园；那激昂的旋律，让大家感受到校友的深情。校友翟东群、罗正都和冯忆罗也和俄罗斯演员一起演唱，气氛十分热烈。桌上的黑面包，让大家又仿佛回到哈尔滨市，旧地重游。

校友会副秘书长王有臣装扮的圣诞老人，穿着红色的衣服，戴着长长的白胡须，十分可爱，被大家拉去合影，给人们留下了深刻的印象。

校友们欢聚一堂，倾心畅谈。从哈工大来的老师汪人树、杜军见到老朋友李树毅、周贝隆、姜以定和黎克特别高兴，交流情况，诉说相思之情。科委情报所艾树武和五院 502 所段振宇恰在同桌，也是相隔五十年才见面，黑发变白发，令人感慨万千。

会上，还进行了幸运抽奖，一等奖由荣国浚获得，象征新的一年交好运。

（文中讲话根据记录整理，仅供参考）

冰城学子吟

荣国浚

一九四九年，求学到冰城。街上罗斯多，疑是出国境。
黄发和褐发，绿眼和蓝睛。马车街上跑，教堂顶洋葱。
塞克和列巴，热奶就棒冰。老太却叫“娃”，称“夫”是小童。
进屋存衣帽，美食数肉饼。传说这儿冷，撒尿用棍崩。
北风呼啸来，耳鼻冻得红。嘘气成白雾，沿街去溜冰。
待到春天到，吹起丁香风。松江太阳岛，水上逞英雄。
哈城美景多，两眼不够用。贪玩误功课，坏了大事情。
潜心学俄语，舌头转得灵。俄国歌引路，文化得交融。
师长勤教导，正确对人生。国家投资大，专家教本领。
六载寒窗苦，小伙个长成。真才实学有，上阵是好兵。
往事心中过，悠悠半世情。老友聚一堂，浓浓手足情。
如今头发白，夕阳半天红。来日多珍重，过好每分钟。
天涯共明月，心通万里情。衷心爱母校，巍然立冰城。

会场（一）（海锦涛摄）

朱育理和刘振起谈话

高兰芬、朱育理和赵炳璞

校友合影（一）

唐伯筠、韩淑华和罗克然

校友合影（二）

校友合影（三）

朱育理和王树国

校友合影（四）

会场（二）

校友合影（五）

校友合影（六）

校友合影（七）

校友合影（八）

校友合影（九）

校友合影（十）

校友合影（十一）

校友合影（十二）

校友合影（十三）

校友合影（十四）

校友合影（十五）

会场（三）

会场（四）

朱育理讲话

王树国讲话

刘忠德讲话

郭大成讲话

唐安阳讲话

海锦涛讲话

于明讲话

荣国浚朗诵了新作《冰城学子吟》

抽奖

王有臣装扮的圣诞老人

朱育理演节目

俄罗斯功勋演员演唱俄罗斯歌曲（一）

俄罗斯功勋演员演唱俄罗斯歌曲（二）

校友合影（十六）

翟东群、罗正都、冯忆罗和俄罗斯演员一起演唱

圣诞老人和苑振坤

圣诞老人和李汉国等

圣诞老人和杜焕生

冯忆罗和俄罗斯演员

老校长冯仲云的女儿冯忆罗向校友会赠书

王立臣、海锦涛等举杯

张仲伟话友情

艾树武和段振宇相隔五十年才见面

校友合影（十七）

郑德刚和裴潮

会场（五）

校友合影（十八）

校友合影（十九）

校友合影（二十）

2006年12月10日
哈工大（北京）校友活动基地周年庆典暨哈工大（北京）校友会办公室成立大会

2006 年 12 月 10 日在北京霍营召开“哈工大（北京）校友活动基地周年庆典暨哈工大（北京）校友会办公室成立大会”。出席会议的有哈工大北京校友会副会长王立臣、王裕、海锦涛，秘书长张管生，常务副秘书长刚杰，副秘书长王有臣、陆辛、于明、杜焕生，老校长杨士勤、校友总会办公室主任孟宏震和哈工大校友杭州萧山创新科技园主任陈国祥专程到会祝贺。还有许多年轻校友参加，特别是有 2006 年毕业的硕士生和本科生 30 多人参加会议，为校友会增添了新鲜血液。共有 100 多人参加会议。

会议由宋彦哲主持。首先，由刚杰介绍与会的主要人员。之后，于明汇报了基地成立的始末和宗旨。当初，为了哈工大校友能有一个经常活动的场地，由几个年轻校友出地、出钱、出力，办起了这个基地，达到相识、相知、交流、合作的效果。一年来，基地人员做了大量的工作，特别是开展新校友工作，开创了新局面。今后要在校友总会的领导下，取得更大成绩。老校长杨士勤代表母校和校友总会表示祝贺。他说，哈工大北京校友人员多，大约有一万八千人，层次高，校友活动开展得好，活动基地起到了良好的作用，给各地校友树立了榜样。希望大家发扬哈工大的光荣传统，积极工作，激励自己前进。校友是哈工大的宝贵财富。他还介绍了在长三角地区成立的哈工大校友杭州市萧山创新科技园，希望北京校友到那里去发展。最后，他祝大家身体健康、工作顺利。张管生在讲话中祝贺校友活动基地成立一周年，基地做了有益校友的工作，感谢为这些工作付出劳动和智慧的校友。他说，北京校友会成立 26 年了，现在人员结构发生了变化，年轻人在成长，要适应新形势，成立校友会办公室，这是水到渠成，校友会工作逐步过渡到年轻校友身上。最后他说，最近参加哈工大校友杭州萧山创新科技园成立大会，希望继珠三角、长三角之后，环渤海也发展起来，团结校友，搞得更好。

之后，全体摄影留念。由杨士勤和于明为哈工大（北京）校友活动基地揭牌，王立臣和张管生为哈工大（北京）校友会办公室揭牌。由张管生宣布哈工大校友会办公室组成人员：

主　　任：于　明　许文发　刚　杰

常务副主任：宋彦哲

副主任：崔学海　关文吉　王清勤

联络员：李澄宇

地　址：北京回龙观东侧霍营轻轨车站旁

由于成立了哈工大（北京）校友会办公室，校友会的工作过渡到年轻校友身上，哈尔滨工业大学北京地区校友会秘书处工作重点转移，由杜焕生编印、韩梅林老师发行的哈尔滨工业大学北京地区校友会《工作简讯》终止印发了。从1999年4月28日第一期到2006年12月12日，共编印发行了35期，忠实地反映了哈工大北京地区校友会和校友的活动情况，展现了前进的步伐，留下了真实的记录，为回忆往事提供依据。

宋彦哲主持

杨士勤讲话

于明讲话

刚杰讲话

杨士勤和于明为哈工大（北京）校友活动基地揭牌

王立臣和张管生为哈工大（北京）校友会办公室揭牌

杨士勤、海锦涛和王立臣

王裕、王有臣、孟宏震和陆辛

许文发、王裕和王有臣

校友合影（一）

门口的花篮

会场（一）

会场（二）（海锦涛摄）

会场（三）

会场（四）（海锦涛摄）

校友合影（二）（海锦涛摄）

校友合影（三）（海锦涛摄）

校友合影（四）

校友合影（五）（海锦涛摄）

2006年12月17日
老校长李昌生日聚会

2006年12月17日，哈工大校友在大江龙酒楼为老校长李昌举办生日聚会，参加会议的有哈工大北京校友会副会长李树毅、秘书长张管生、常务副秘书长刚杰、企业协会原党委书记李晴、教育部原驻美使馆教育参赞何龙、公安部原教育局局长蔡善昶、哈工大马列主义教研室原主任冯兰瑞、机械科学研究院高工张鸿博、中国自然辩证法研究会双文明建设研究所办公室主任彭士杰、北京工商大学教授韩梅林、哈工大北京校友会副秘书长杜焕生和李昌的子女家人。

哈工大北京地区校友会向李昌老校长敬献鲜花，张管生代表校友向李昌老校长表示祝福。李昌老校长发表即席讲话，他说，世界大变化，中国大变化，黑龙江大变化，哈工大大变化，校友会要有所作为。又说，现在新的东西多，如袁隆平的杂交水稻等，哈工大人才多，要有所贡献。他要大家注意地球升温、大气环流、自然灾害、环境污染、深化法制建设、三个文明建设等，他念念不忘海水淡化、改造沙漠、哈工大的发展等。最后，他说：“我已经92岁了，要活到一百岁。”得到大家热烈的掌声。席间，彭士杰向李昌老校长祝寿，说：“六十小弟弟，七十古来稀。八十不称老，九十年尚小，人活到百岁，正是春光好。”说出了大家的心愿。最后，校友向李昌老校长敬献了生日蛋糕。家属也向李昌老校长祝寿，并向与会的校友表示感谢。

2006年12月17日，哈工大校友在大江龙酒楼为老校长李昌举办生日聚会

李昌校长与哈工大校友合影

2007年2月6日 哈工大北京校友新春联欢会

2007 年 2 月 6 日，哈工大北京地区校友会在北京基辅罗斯餐厅（玉渊潭南路普惠南里 13 号）召开“哈工大北京校友新春联欢会”。参加会议的有文化部原部长、会长刘忠德，北京政协原副主席、副会长朱育诚，哈工大校友总会副会长顾寅生，国土资源部副部长、副会长刘文甲，工程院院士、装甲兵工程学院副院长徐滨士，工程院院士、清华大学热能工程系教授徐旭常，核工业九院科技委研究员钱皋韵，中旅集团原董事长黄振声，忆阳集团党委书记郑德刚，哈工大威海校区党委书记唐安阳，哈工大校友总会原副会长张铨等，共有 200 多人参加会议。会议由原机械科学研究院院长、副会长海锦涛主持。

首先，海锦涛说明了会议的内容：迎接春节，校友联欢；介绍哈工大情况；介绍哈工大威海校区发展情况和取得的巨大成绩；介绍哈工大校友杭州萧山创新科技园有关信息；欣赏俄罗斯歌舞；校友相互畅叙友情，交流信息，增进友谊。接着，秘书长张管生介绍参加会议的主要来宾和校友。并代表校友会向赞助单位忆阳集团表示衷心感谢，大家报以热烈的掌声表示感谢。

会长刘忠德在讲话中说，人老了，想念母校和老师同学，越老越想念。听到母校的成绩，很高兴。祝母校发展得更好。

哈工大校友总会副会长顾寅生讲话，他代表母校校长和校友总会向大家致以新春的问候。他介绍了 2006 年哈工大取得的成绩：“十一五”工程顺利通过验收，特点是目标高、人心齐、气势旺、特色明显、技术新、国际合作好，高质量地完成了“十一五”规划。还通过了对本科教学水平的评估，说明有很强的实力。哈工大精神是一本教科书，使校友对母校感情至深。2006 年的办学特色是以爱国主义为主旋律，具有高度责任感，坚持国家需要，严字当头，做好工作。

在2006年校友会还拿出40万元对100名贫困生进行捐助。特别是北京的黄振声和张毓芬校友捐25 000元，朱彤等5人捐2万元，希望继续向校友广泛宣传,得到更多的支持。他还通报了哈工大校友杭州市萧山创新科技园的情况。哈工大博物馆馆长任晓萍也到会介绍博物馆情况，感谢大家的支持，希望大家继续支持史料和文物的征集工作。

副会长朱育诚讲话说，一是感谢校友会的“铁杆”们每年组织这样的会议，让大家回忆母校；二是感谢赞助单位忆阳集团的大力支持；三是感谢母校派人参加会议，介绍情况。他最后以“短信”结束：

新年年年过，年年过新年，年少盼新年，年老怕过年，知足长乐过猪年。

赞助单位忆阳集团郑德刚讲话，他回忆在校生活，母校教育为人生铺平了道路，树立了方向，为成长奠定了基础。感谢母校培养,祝母校发达,师生快乐。祝校友新春快乐。

哈工大威海校区党委书记唐安阳讲话，介绍了哈工大威海校区21年来取得的成绩，学生已一万余人，感谢北京校友的支持，祝大家春节快乐。

北京航空航天大学原党委书记楼士礼讲话，在哈工大五年终生难忘，深深打上了实干的烙印，感谢母校培养，祝母校早日成为世界一流大学。

中旅集团原董事长黄振声讲话，20世纪50年代他在哈工大奋斗，现在想起来都很激动。搞工程经济虽然没假期，很艰苦，但是很踏实，大家很团结，体现了哈工大精神。让我们永远保持哈工大精神，积极参加校友会活动。

工程院院士徐滨士讲话，他是1954年入学，受到哈工大精神的熏陶，很荣幸成为哈工大的学生。在国防建设中哈工大师生、校友做出了很大贡献，今后要继续努力。要为国防建设和哈工大的发展做出更大贡献。

副会长王立臣代表土木系和哈建工的校友祝校友春节愉快，身体健康，万事如意！建工校友在北京有6 000人左右，在北京建设上发挥了重要作用，发扬了哈工大的务实精神。希望利用好哈工大校友资源，团结合作，弘扬哈工大精神。

张管生还通报了组建校友会办公室的情况（地址在霍营），并代表校友再一次感谢忆阳集团的大力支持。（会后杜焕生代表校友会将刘忠德会长签名的感谢信送给忆阳集团的代表郑德刚。）

哈工大北京校友活动基地负责人崔学海在会上表示要为校友活动提供方便。

北京校友网站负责人李澄宇在会上祝大家新年快乐。

北京青年校友会副会长刘志硕代表青年校友祝大家健康快乐。

之后，大家共进午餐，欣赏乌克兰功勋演员演唱的俄罗斯歌曲。那悠扬的琴声，高昂的歌声，愉快的节奏，优美的旋律，让大家仿佛又回到了哈尔滨，回到了哈工大的校园，回到了青年时代。校友孙旭飞给大家演唱了《我的太阳》，受到校友的好评。

（讲话根据记录整理，仅供参考）

2008年1月5日
哈工大北京校友2008新春联谊会

为庆祝绕月探测工程圆满成功和恢复高考30周年，由哈工大北京地区校友会、哈工大北京青年校友会、哈工大北京暖通燃气专业校友会联合主办，哈工大北京校友活动基地承办的“哈工大北京校友2008新春大型联谊会”于1月5日下午在航天部二院大礼堂隆重举行。

绕月探测工程总指挥栾恩杰部长、总设计师孙家栋部长、中国工程院物理研究院俞大光院士、冯忆罗将军、北京地区校友会副会长朱育诚、航天科工集团总经理许达哲、航天二院党委书记刘尔琦、北京青年校友会会长熊焰等众多知名校友与1 200多名不同年龄、不同行业的校友共贺新春。校长王树国、哈工大校友总会常务副会长顾寅生也代表学校专程前来庆贺。

联谊会由北京青年校友会副秘书长、联合办公室主任、校友活动基地主任于明校友主持。下午3点整，迎新春联谊会在欢快、热烈的新疆舞蹈中开幕，随后由孙跃红、孙丽校友领唱，06届、07届年轻校友合唱的《哈尔滨工业大学校歌》引来一片掌声。绕月探测工程总指挥栾恩杰校友、总设计师孙家栋校友登台，并用精彩讲话将本次活动一开始就推向了高潮。两位杰出校友表示非常感谢母校对自己的培养，看到母校为祖国航天事业做出的巨大贡献感到由衷的骄傲和自豪。同时还衷心祝愿母校在新的一年里能够取得更大的成绩，祝愿校友们在新的一年里身体健康、工作顺利、合家欢乐。

整场联谊会精彩不断，在歌唱、杂技、舞蹈、魔术、京剧等专业演员的精彩演出过程中，穿插着北京校友们精心准备的节目：北京青年校友会熊焰会长及孙丽校友代表北京青年校友会献歌《为了谁》；96级校友战长龙演唱《同桌的你》；李文婧、王柏馥、王庭芳、孙祥云4位当年的“校花”风采依旧，她们的舞蹈《踏歌》如幻如仙；

59级校友唐伯筠教授诗朗诵《岁月别怪我太挑剔》激情四溢；校友的每一个节目、每一句话都表达了对母校的深厚感情，使整个活动高潮迭起。

自称“非专业节目主持人”的于明校友，以他轻松幽默的主持风格为联谊会添彩。在庆祝“恢复高考30年”环节， 77、78级校友代表王树国、许达哲、刘尔琦、熊焰等登台与大家见面。主持人介绍说：2008年是77、78级共同入校30年的纪念年，30年后的今天，77、78级校友已成为各条战线的中坚力量，可谓群星满天、星光灿烂！现在站在台上的，就是那满天群星中的几位“大星星”。一语双关的谐音，引来台上台下一片会心的笑声。

王树国校长热情致辞：建校87年来，哈工大为祖国培养了大批的人才，在各行各业中都有哈工大人的身影，他们犹如一颗颗璀璨的明星，这是母校的骄傲。王校长还深情地希望年轻的校友们继承哈工大规格严格、功夫到家的优良传统，踏实工作，为国家做出贡献的同时也锻炼了自己，母校永远以校友们为荣。许达哲校友现场吟诗一首：

邀吴刚畅饮，携嫦娥舞袖，寄中秋鸿雁，问明月可否？

备桂花美酒，迎华夏新秀，观蟾宫胜景，数工大风流！

激昂的诗句把联谊会的场面推到最高潮！

最后，联谊会在《年轻的朋友来相会》大合唱中取得了圆满成功。会后，校友们纷纷表示：此次活动的成功举办为校友们提供了一个很好的交流平台，希望以后能够多多组织类似活动。告别辉煌的2007，迈进令人向往的2008，我们坚信哈工大北京地区校友活动在北京校友会、北京青年校友会的领导下，以北京校友活动基地为平台一定会越办越好，并衷心祝愿母校在新的一年里会取得更大的成绩。

（选自《哈工大报》，李双双 / 文）

会场外

刚杰和栾恩杰

栾恩杰和孙家栋（海锦涛摄）

冯忆罗、孙家栋和张仲伟

刚杰、栾恩杰和孙茹瑛

校友合影（一）

顾寅生和俞大光

裴潮和李树毅

签名留念（一）

签名留念（二）

会场

唐伯筠诗朗诵

校友合影（一）（马文英摄）

校友合影（二）（马文英摄）

校友合影（三）（马文英摄）

校友合影（四）（马文英摄）

校友合影（五）（海锦涛摄）

2009年1月10日
哈尔滨工业大学北京校友迎新春联欢会

2009年1月10日下午在航天二院礼堂召开“哈尔滨工业大学北京校友迎新春联欢会”。这次联欢会由哈工大北京地区校友会主办。参加会议的有哈工大校长王树国，哈工大校友总会会长顾寅生，北京校友会会长朱育理，副会长朱育诚、李树毅、裴潮，秘书长熊焰，名誉秘书长张管生，副秘书长于明、海锦涛、刚杰，共有1 000多人。

会议由于明主持，北京地区校友会会长朱育理讲话，祝大家新春快乐。哈工大校长王树国讲话，介绍母校的发展和成绩。领导讲话穿插在节目表演之间，气氛显得活跃。老校友合唱团演唱了歌曲——《我们举杯》和《夕阳红》，还由范广众朗诵诗歌——《我爱哈工大》。联欢会还演出独唱、合唱、舞蹈等，特别是请了著名演员刘和刚演唱歌曲《父亲》和《你是我的好朋友》，使联欢会达到一个高潮。最后，联欢会在全场高唱《歌唱祖国》中结束。许多校友多年不见，十分珍惜这次相会，最后一一惜别。

会场外（一）

会场外（二）

会场外（三）

会场外（四）

李铁柏、杜焕生和孟宪毅

校友合影（一）

顾寅生和裴潮

王树国和张书荣（海锦涛摄）

顾寅生、许文发、王树国和蒋立田

校友合影（二）

校友合影（三）

校友合影（四）

校友合影（五）

会场（一）

会场（二）（海锦涛摄）

于明开场白

主持人莫薇和于明

朱育理讲话

王树国校长讲话

朱育诚、裴潮、李树毅和蒋立田

校友合影（六）

校友合影（七）

乐队演奏

老校友合唱

老校友合唱歌曲《我们举杯》（一）

老校友合唱歌曲《我们举杯》（二）

老校友合唱歌曲《夕阳红》（一）

老校友合唱歌曲《夕阳红》（二）

范广众朗诵诗歌——《我爱哈工大》

舞蹈《珠穆朗玛》演员合影（一）（海锦涛摄）

舞蹈《珠穆朗玛》演员合影（二）（海锦涛摄）

舞蹈《珠穆朗玛》（一）（海锦涛摄）

舞蹈《珠穆朗玛》（二）（海锦涛摄）

舞蹈《珠穆朗玛》（三）

舞蹈《珠穆朗玛》（四）

刘和刚演唱《父亲》

刘和刚演唱《你是我的好朋友》

会场（三）

校友演唱（一）

校友演唱（二）（海锦涛摄）

校友演唱（三）（海锦涛摄）

校友演唱（四）（海锦涛摄）

校友演唱（五）（海锦涛摄）

孙丽和熊焰（海锦涛摄）

全场高唱《歌唱祖国》（一）

校友演唱（六）（海锦涛摄）

全场高唱《歌唱祖国》（二）

张管生唱《歌唱祖国》

刘和刚与校友合影（一）

刘和刚与校友合影（二）

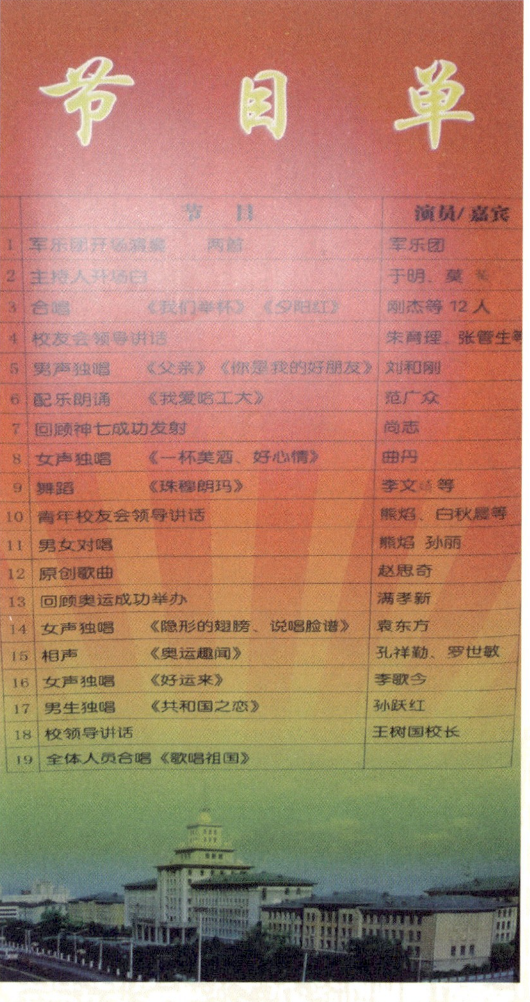

节 目 单

	节 目	演员/嘉宾
1	军乐团开场演奏 两首	军乐团
2	主持人开场白	于明、樊[illegible]
3	合唱 《我们举杯》《夕阳红》	刚杰等 12 人
4	校友会领导讲话	朱甫理、张管生等
5	男声独唱 《父亲》《你是我的好朋友》	刘和刚
6	配乐朗诵 《我爱哈工大》	范广众
7	回顾神七成功发射	尚志
8	女声独唱 《一杯美酒、好心情》	曲丹
9	舞蹈 《珠穆朗玛》	李文[illegible]等
10	青年校友会领导讲话	熊焰、白秋晨等
11	男女对唱	熊焰 孙丽
12	原创歌曲	赵思奇
13	回顾奥运成功举办	满孝新
14	女声独唱 《隐形的翅膀、说唱脸谱》	袁东方
15	相声 《奥运趣闻》	孔祥勤、罗世敏
16	女声独唱 《好运来》	李歌今
17	男生独唱 《共和国之恋》	孙跃红
18	校领导讲话	王树国校长
19	全体人员合唱《歌唱祖国》	

联欢会节目单

刘和刚与校友合影（三）

校友合影（八）

校友合影（九）

校友合影（十）

李树毅

鄞广林、杜焕生和高景春

我爱哈工大

范广众

（2009年1月10日演出）

蓝天骄傲，
是因为有辉煌绚丽的星辰彩霞；
大海骄傲，
是因为有波澜壮阔的惊涛浪花。
你要问我的骄傲是什么？
因为我毕业于哈工大！

曾记得四十五年前，
我，一个农村娃，
来到这座金字塔。
那是个激情燃烧的年代，
岁月艰难，可师生员工人人意气风发！
他们心里只装着祖国和人民，
脑子里记的是毛主席的话。
教学、科研，实习、教改，
下连当兵，下乡社教，后来
又赶上一场弥漫风沙。
虽然一时的阴霾笼罩过校园，
可我仍深深爱着这难忘的“家”：
我爱主楼的巍峨，
也爱溜冰场的潇洒；
我爱学生宿舍的朴素与欢乐，
更爱图书馆的神圣和博大。
这里的一草一木牵着我的心，
母校的滴滴收获伴我走天涯！

同学间纯洁无瑕的情感，
使我懂得了什么叫友爱和豁达；
老师们的辛勤教诲，
让我知道了什么是“规格严格，功夫到家”。
母校的乳汁，哺育了我实干拼搏的筋骨，
母校的风范，成为我终生奉献的灯塔！
每当面临风雪交加的坎坷，
总听见母校的声音在鼓舞我：
“你是哈工大人，
挺直腰杆，不能趴下！”

每当被掌声和鲜花所湮没，
又总是母校的声音在提醒我：
“你是哈工大人，
忘掉荣誉，扬鞭策马！”
经过几十年风雨的锤炼，
我们自豪地向母校回答：
“为了人民，工大人献上了拳拳赤子心，
为了祖国，我们携手走过了闪光的年华！”

近半个世纪过去了，
岁月沧桑，两鬓白发。
人到老来更相思，
总梦见又回到那久别的“家”。
仿佛又听到了青年学子的欢笑，
好像见到了校园天翻地覆的变化；
我仿佛又仰望到主楼顶上的红星，
——是你，鞭策着一代又一代的工大人，
我好想满含热泪和教师们拥抱在一起，
——谢谢你们，
用心血书写了一篇国防科技事业的神话！
“神舟”火箭闪烁着你的风采，
“嫦娥”卫星凝聚着你的佳话。
我想你啊，母校，
我爱你啊，哈工大！
我爱听你那铿锵欢快的青春脉搏，
我爱看你九十岁巨人的矫健步伐。
我赞颂你——改革开放三十年的飒爽英姿，
我歌唱你——伟大的母亲桃李满天下！

对母校的爱，像涓涓溪水，
醇如酒，香如茶；
对母校的情，如春风春雨，
滋润心田，朴实无华。
唤一声“校友”，
我们的心就紧紧贴在一起，
一提起母校，
千言万语激情迸发！
一桩桩往事，
让我思念得彻夜难眠；
一则则喜讯，
又叫我笑得满眼泪花。
孙儿见了，
说我“痴”，笑我“傻”，
招我一顿骂：
“小兔崽子懂个啥？
这里有爷爷的情爷爷的爱，
有爷爷一生割不断的牵挂。
你要有种，
也给我去考哈工大！”

3

新时期的校友会活动

2009年9月6日《李昌传》首发式

2009年9月6日下午3时在北京西城区金融街甲17号中国人寿中心2层会议室举办《李昌传》首发式。会议由哈工大北京地区校友会朱育理会长主持，参加会议的有60多人。参加的媒体有：《炎黄春秋》杂志社、《财经》杂志社、《南方周末》报社、凤凰网、网易。

首先，《李昌传》作者周士元介绍写作过程和主要内容，之后，哈工大原校长、哈工大校友总会名誉会长杨士勤教授讲话，国家科委原副主任吴明瑜同志讲话，国家专利局原副局长明庭华同志讲话，教育部原驻美使馆教育参赞何龙同志讲话，教育部原计划司司长周贝隆同志讲话。他们在发言中盛赞李昌的革命精神和革命业绩。特别是在哈工大的11年中，更是为学校的发展，呕心沥血，披肝沥胆，让学校出现“第一个春天”。

最后，李昌校长夫人冯兰瑞老师讲话，感谢大家的支持。

《李昌传》封面

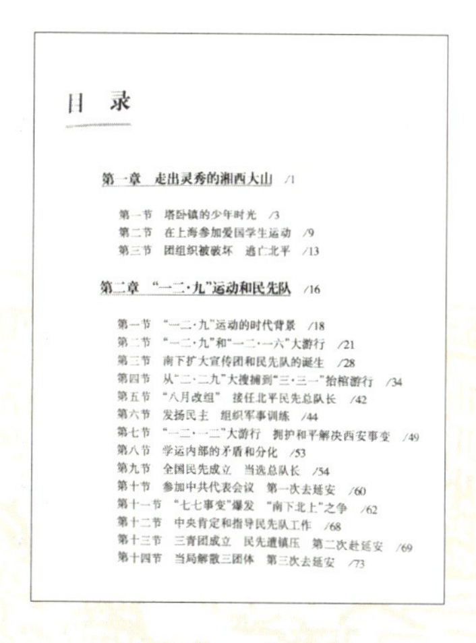
目 录

《李昌传》目录

杨士勤签到

朱育理签到

郎惠生签到

朱育诚签到

赵威签到

作者周士元给赠书签名

作者周士元在于明的赠书上签名

作者周士元在荣国浚的赠书上签名

刚杰向朱育理会长汇报

朱育理主持会议

何龙、周贝隆和黄振声

朱育诚、熊焰和张书荣

作者周士元介绍成书经过

冯兰瑞、朱育理和杨士勤

会场（一）

会场（二）

杨士勤讲话

俞大光、李树毅和朱育诚

向熙扬和王立臣

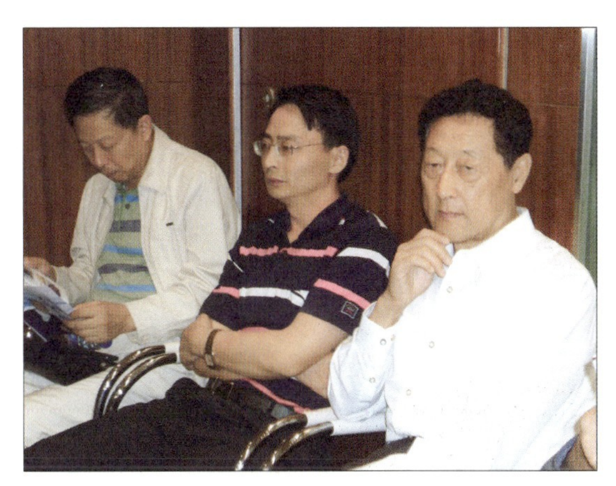

于明、李炎和王有臣

吴明瑜讲话

刚杰和张书荣

郎惠生和张管生

杜军

何龙讲话

朱育诚和熊焰

赵威和陈正清

校友合影（一）

冯兰瑞老师讲话

张书荣讲话

校友合影（二）

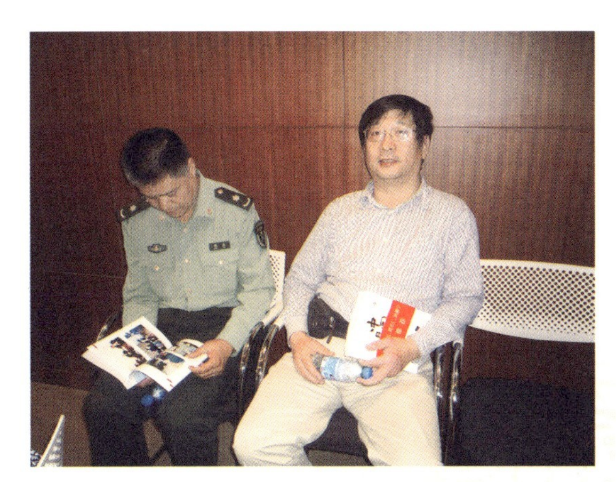

校友合影（三）

杜焕生和姚监复

2009年9月6日
朱育理宣布成立新机构

2009年9月6日下午朱育理在会上宣布成立新机构，熊焰为校友会秘书长，张管生为名誉秘书长。之后新秘书处开会，确定分工。

哈工大北京地区校友会在老校友的主导下，走过了二十多年，取得很大成绩。这时期队伍发生很大变化，年轻校友越来越多。为了与时俱进，更好地适应新形势和发展的需要，根据张管生等老校友的要求，经朱育理会长的批准，对校友会秘书处人员进行了调整，由熊焰担任秘书长，副秘书长也充实了多位年轻校友。从此，北京地区校友会工作在熊焰等年轻校友的领导下，走向一个更新、更广阔的发展阶段。正是“长江后浪推前浪”。

会场（一）（海锦涛摄）

会场（二）（海锦涛摄）

会场（三）（海锦涛摄）

哈工大北京地区校友第四届组织机构成员名单

（2009年9月6日通过）

会　　　长：朱育理

名誉秘书长：张管生

秘　书　长：熊　焰

常务副秘书长：于　明 白秋晨 刚　杰 郎惠生

副　秘　书　长：王立臣 王有臣 海锦涛 许文发 范广众 杜　军（五系）孙　丽 郭志明 宋彦哲 朱　彤 崔学海 刘志硕 马振东 魏志民

2010年1月9日
哈工大北京校友会2010年新春联欢会

2010年1月9日下午在国家行政学院报告厅召开“哈工大北京校友会2010年新春联欢会”。这次联欢会由哈工大北京地区校友会主办。参加会议的有哈工大张洪涛副校长、哈工大校友总会会长顾寅生、北京地区校友会副会长朱育诚、秘书长熊焰、名誉秘书长张管生、常务副秘书长于明和刚杰、副秘书长海锦涛、中国工程院院士俞大光等，共有500多人。

这次活动主题为“庆祖国60华诞，迎母校90华诞——哈工大北京校友会2010年新春联欢会”。会议由于明主持，北京地区校友会秘书长熊焰讲话，祝大家新春快乐。哈工大张洪涛副校长讲话，介绍母校的发展和成绩。

之后，表演节目。熊焰和孙丽一展歌喉，显示出高水平。主持游戏的蔡世贺设计两组玩法：第一组以钱组合人员，就是将人员设定成一元和五角两种面值，主持游戏的蔡世贺报出一个钱数，参加游戏的台上校友就赶快以本身的价值进行组合，速度快的一组得奖。第二组游戏是立蹲游戏，参加游戏的台上校友根据指挥者的命令做出蹲下或站直的动作，没错误并速度快的一组得奖。老校友合唱团演唱了俄罗斯歌曲《故乡》和《共青团员之歌》，还有诗朗诵《我们是哈工大人》。此外还表演了独唱、合唱、吉他独奏等节目。

会场（一）

会场（二）

会场（三）

会场（四）

孙琦霄签到

张管生

熊焰和朱育诚（海锦涛摄）

校友合影（海锦涛摄）

熊焰和白秋晨（海锦涛摄）

张洪涛、俞大光和顾寅生（海锦涛摄）

钱咏和杜焕生

刘纫馥、孙琦霄和杜焕生

张管生和孙金龄

黎克、姜以定、李文安和杜焕生

会场（五）

张管生和清华大学紫光集团副总孙金茂

顾寅生、俞大光和张洪涛副校长

党磊

于明讲话

主持人（海锦涛摄）

老校友合唱团演唱俄罗斯歌曲《故乡》（一）

老校友合唱团演唱俄罗斯歌曲《故乡》（二）

老校友合唱团演唱《共青团员之歌》（一）

老校友合唱团演唱《共青团员之歌》（二）

老校友合唱团演唱（一）（海锦涛摄）

老校友合唱团演唱（二）（海锦涛摄）

张洪涛副校长讲话（海锦涛摄）

会场（六）

会场（七）

会场（八）

会场（九）

会场（十）

会场（十一）

会场（十二）

会场（十三）

会场（十四）（海锦涛摄）

女声独唱

会场（十五）

熊焰讲话

孙丽和熊焰合唱《国家》

孙丽和熊焰唱歌

海锦涛在摄影

主持游戏的蔡世贺

参加第一组游戏的校友（一）

参加第一组游戏的校友（二）

第一组游戏进行中

第一组游戏获胜组

发表获胜感言

发奖

得奖喜洋洋

老校友诗朗诵《我们是哈工大人》

范广众领诵

哈工大人——豪情永不消失

哈工大人——青春永远闪光

会场（十六）

沈越在弹唱（一）（海锦涛摄）

沈越在弹唱（二）

姜以定、张洪涛副校长和熊焰

第二组游戏——立蹲游戏

主持游戏的蔡世贺发布命令

游戏进行中

获胜的一组

得奖返回

观众聚精会神地观看

时装剧开场白

时装剧组织者隋志达讲话

时装剧（一）

时装剧（二）

时装剧（三）

合唱《我的未来不是梦》

我们是哈工大人

范广众

人老了，心静如水，雨过无痕。
在这冰融雪化的季节，
凝视河边泛绿的柳枝随风摆动。
让心充满激情，
去拥抱姗姗而来的早春。
在这校友欢聚的时刻，
眺望北国母校那熟悉的身影，
让心穿越时光的隧道，
呼唤难忘的回忆，呼唤年轻。

那是半个世纪前，
我们怀着朦胧的报国之心，
来到哈工大，
学专业，学做人。
那时候，到处是困难与贫穷，
人们以苦为乐，意重情深。
还记得，教学楼是那样庄重、亲切，
老师们又那么辛劳、热忱。
滑冰场上撒满欢声笑语，
学生宿舍格外的简朴、温馨。
更难忘：
图书馆里令人向往的灯光，
主楼顶上日夜闪烁的红星！
在这里，有我们的理想，我们的勤奋，
有我们的友谊，我们的青春。
在这里，同学们自豪地向世界宣告：
“我们，是哈工大人！”

“哈工大人”，
这名字何等可爱、可亲，
令人向往，催人振奋！
在那激情燃烧的岁月，
清贫，锤炼了风骨，
校风，培育了忠诚，
校训，打造了智慧，
奉献，铸就了灵魂。

一批批学子从这里出发，
投身革命浪潮，搏击时代风云。
奋斗与辉煌，
沧桑与艰辛。
累累硕果，筑起母校神圣的丰碑。
桃李芳菲，绽放天下校友的拳拳赤子心！

掌声，鲜花，成就，
已化作历史的光环，
唯有一句话让我们刻骨铭心——
这就是，
在一次次艰险风浪扑面而来的关头，
迎接它的是铿锵的步履与应答：
“我们，是哈工大人！”

当年的风华少年，
如今早已雪染双鬓。
校友和母校筋骨相连，
年纪越老，思念越深。
我们
含着热泪聆听母校一桩桩喜讯，
满怀喜悦祝福母校一代代新人。
也许你正血气方刚，
也许你已肩负重任。
骄傲吧——赶上了空前的中华盛世，
奋斗吧——在新时代建立新功勋。
党的教诲，母校的期望，
牢记使命，不忘初心。
记住！
每当面对祖国和人民的召唤，
请高声回答：
“我们，是哈工大人！”

2010年4月16日
哈工大老年校友联络员会议

2010年4月16日上午在海淀区老营房路大鸭梨酒店召开“哈工大老年校友联络员会议”。

会议由校友会副秘书长海锦涛主持，参加人员有于在仁、于连城、马文英、王裕、王有臣、刘纫馥、刘晓梅、向熙扬、孙琦霄、宋占江、李文安、李汉国、李铁柏、陈正清、周友楠、范广众、姜以定、段振宇、赵威、唐伯筠、赵臣纲、容超凡、高兰芬、曹炎坤、傅津生、韩梅林、翟东群、酆广林、林艺等37人。

校友会副秘书长刚杰做主要发言，内容如下：

一、今年6月7日是哈工大90周年大庆。北京校友准备送一件礼物，有的提议做一个牌坊，有的建议送一个鼎，还有的建议送一个雕塑，等等。最后讨论，决定送一个缶。就是奥运会上千人打击的乐器（现已经购回，送到哈工大）。

二、校庆活动集中在6月6日至8日，哈工大欢迎校友回校，但食宿费、交通费要自理。

三、北京校友要回去的可集体买票，请早日说明。

四、哈工大北京校友会人员大调整，张管生改任名誉秘书长，由熊焰任秘书长。于明、白秋晨、刚杰、郎惠生等任常务副秘书长。校友会人员分成联络组、宣传组、活动组。

五、5月8日在校友活动基地举办“迎校庆书画笔会”，有愿意参加者请报名（已经举办）。

六、各位联络员在哈工大北京地区校友会的活动中起了积极作用，感谢大家支持，并请继续支持。

会上，联络员互相交流了工作经验和体会心得。海锦涛发放了幻灯片光盘。

刚杰讲话

海锦涛讲话

姜以定、赵威和陈正清

李文安、李铁柏和酆广林

姜以定、赵威、陈正清和孙琦霄

马文英、段振宇和范广众

向熙扬和赵臣纲

会场（一）

会场（二）

会场（三）

会场（四）

会场（五）

刚杰和黎克

会场（六）

刘纫馥和傅津生

陈正清、孙琦霄和刘纫馥

赵臣纲和向熙扬

李汉国、马文英和段振宇

海锦涛

高兰芬、曹炎坤和李汉国

刚杰

范广众

林艺

向熙扬

会场（七）

会场（八）

会场（九）

会场（十）

杜焕生

孙琦霄（以上6张照片由海锦涛摄）

2010年9月10日
告别李昌老校长仪式

李昌老校长于2010年9月3日因病医治无效在北京逝世，享年96岁。

告别仪式定于9月10日在八宝山举行。李昌后事由中纪委负责办理，知道消息的几个校友大都去了。

通知告别仪式是9月10日9时开始，哈工大参加告别仪式的有杨士勤、王树权书记、王树国校长、强文义副校长和校友总会常务副会长顾寅生。

送花圈的人很多，有领导人送的花圈，有王兆国送的花圈。哈工大党委、哈工大北京地区校友会，都送了花圈。

人们在签到处，领“李昌生平”，然后鱼贯进入庄严的告别大厅。大厅正面是李昌像，两旁摆满了花圈。人们依次瞻仰遗容，向遗体敬礼，和老校长告别，和家属握手，沉浸在巨大悲痛之中。参加告别李昌老校长的仪式的哈工大校友有海锦涛、姜以定、黎克、张仲伟、王有臣、黄一凡、向熙扬、韩梅林、党磊、韩淑华、刚杰、杜焕生等（张管生有重要会议没有赶到）。哈工大领导均参加了仪式。

后来灵柩抬出来，就上了灵车。之后抬出肖像和花圈。再后来，冯兰瑞老师出来，在海锦涛的倡议下合影留念。

李昌生前与冯兰瑞老师一起捐献人民币200万元，作为教育基金，100万元给清华大学，另100万元给哈工大。哈工大准备用这笔钱作为奖学金。他们给我们树立了榜样，体现了老共产党员的追求。

斯人已逝，言犹在耳；慈颜笑貌，宛在眼前；谆谆教诲，铭心刻骨；纪念先哲，永世不忘。

李昌校长永远活在我们心中！

仪式现场（一）

仪式现场（二）

仪式现场（三）

仪式现场（四）

仪式现场（五）

仪式现场（六）

仪式现场（七）

仪式现场（八）

2011年1月9日
哈工大北京地区校友迎春联欢会

2011年1月9日在邮电大学礼堂召开“哈工大北京地区校友迎春联欢会”。会长朱育理首先讲话，祝贺大家新春快乐，在新的一年里取得更大的成绩。之后，表演文娱节目。老校友演出合唱《喀秋莎》和《老年朋友来相会》，还有舞蹈表演等等。在校领导孙和义讲话后，放映电影《非诚勿扰2》。（这部分图片全部由海锦涛提供）

主持人

朱育理讲话

孙丽和熊焰合唱

蔡世贺

校友演唱（一）

校友演唱（二）

校友演唱（三）

老校友演出合唱《喀秋莎》和《老年朋友来相会》（一）

老校友演出合唱《喀秋莎》和《老年朋友来相会》（二）

会场（一）

会场（二）

校友合影（一）

校友合影（二）

2011年11月7日
任命熊焰为哈工大校友总会副会长的会议

2011 年 11 月 7 日在北京金融街金融交易所会议室，任命熊焰为哈工大校友总会副会长。会议由学校领导王树国、孙和义等主持。会上首先宣读了熊焰的简历，王校长发授权书，任命熊焰为哈工大校友总会副会长。熊焰讲话，感谢学校领导的信任，表示一定努力做好工作，不辜负大家的希望。简短的会议后，大家共进午餐。参加的人员有邓伟（忆阳集团总裁）、张管生、许文发、海锦涛、刚杰、白秋晨、朱彤等。

（这部分图片全部由海锦涛提供）

仪式现场（一）

仪式现场（二）

仪式现场（三）

仪式现场（四）

仪式现场（五）

仪式现场（六）

仪式现场（七）

仪式现场（八）

2012年2月18日
纪念哈工大77、78级毕业30周年暨新春联欢会

1978年，改革开放扬帆起航，恢复了高考。在同一年进行了两次高考，77、78级近3 000名学子考入哈工大。经过四年的学习，毕业后，他们成为国家的栋梁之材，做出了卓越的贡献。2012年是他们毕业30周年，学校决定举行隆重的纪念活动。

2012年2月18日在北京西四环凯瑞食神府召开“纪念哈工大77、78级毕业30周年暨新春联欢会”。参加会议的有副校长孙和义、周玉和校友总会常务副会长崔国兰，老校友张管生、海锦涛、王立臣、王有臣、郎惠生、许文发、刚杰等。还有300多名哈工大（包括哈建大）的77、78级校友。

联欢会由北京校友会办公室主任于明主持。当主持人讲起“今天，我们相约北京，共话30年的流金岁月，共诉30年的情深意长”时，全场响起热烈的掌声。我校校友总会副会长、北京地区校友会会长熊焰在发言中回顾了当年的岁月、总结了校友活动的收获、展望了北京地区校友会工作的未来，使校友们非常振奋。联欢会上，校友们即兴登台，一展当年风采。诗朗诵、独唱、小合唱、20世纪80年代流行的舞蹈，配上当年的老照片，把77、78级校友带回到风华正茂的激情岁月。整个联欢会气氛热烈，充满欢声笑语，校友们表达了对母校的怀念与感激，对校友情谊的珍惜，并对今后校友会活动提出了很多建议。

（引自《哈工大人.2012》商艳凯：毕业三十年　母校再相聚，稍有修改）

此后，在2018年9月由哈尔滨工业大学出版社出版了《永恒的哈工大记忆——77、78级入学40年纪念》，由该书编委会编，主编为杜军，编委有林艺、杜光伟、徐彤、刘卫平、许赤婴。全书分五个部分：一、集结号响，同学们回忆高考和入学过

程中的经历；二、朝华夕拾，回忆同学们在大学期间学习、生活等方面的情况；三、桃花源水，回忆毕业之后同学之间、师生之间的友情往来；四、春华秋实，记载同学们追求梦想、奉献社会所取得的成绩；五、岁月如歌，收集了同学们的诗歌作品等，讴歌祖国、赞颂母校，抒发师生情、同学谊。熊焰作序，77、78 级同学撰稿。

资料：1977 年 9 月，已经停止了 11 年的全国高等院校招生考试恢复。当年 12 月，570 万人奔赴考场，27.3 万人被录取。1978 年高考完全恢复正常，610 万人报考，录取 40.2 万人。两批人都在 1978 年进入大学，都被称为恢复高考后第一批大学生。从 1978 年到 2018 年，正好 40 年。

（这部分图片全部由海锦涛提供）

主持人于明

孙和义讲话

校友表演节目（一）

校友表演节目（二）

校友表演节目（三）

校友表演节目（四）

校友表演节目（五）

校友表演节目（六）

校友表演节目（七）

校友表演节目（八）

校友表演节目（九）

校友表演节目（十）

校友表演节目（十一）

校友表演节目（十二）

会场（一）

会场（二）

主桌：许达哲、周玉、孙和义、崔国兰

会场（三）

于明和刚杰

会场（四）

会场（五）

会场（六）

会场（七）

会场（八）

许达哲和孙丽

会场（九）

会场（十）

会场（十一）

会场（十二）

会场（十三）

会场（十四）

会场（十五）

校友表演节目（十三）

校友表演节目（十四）

校友表演节目（十五）

校友合影（一）

孙和义、崔国兰和孙丽

校友合影（二）

华崇智和海锦涛

孙丽和熊焰唱歌

王立臣

侯珍秀

周玉表演节目

校友合影（三）

校友表演节目（十六）

海锦涛和杜军

校友合影（四）

校友演唱《芦笙恋歌》

校友表演节目（十七）

2013年2月23日
哈尔滨工业大学北京校友迎新春联谊会
暨学校科技工作汇报会

2013 年 2 月 23 日下午中国空间技术研究院（航天五院，白石桥北）礼堂隆重召开“哈尔滨工业大学北京校友迎新春联谊会暨学校科技工作汇报会”。参加会议的有哈工大副校长韩杰才，哈工大北京地区校友会会长熊焰、名誉秘书长张管生，与会人员共有 600 多人。

首先，熊焰校友代表北京地区校友会致辞，向大家介绍了北京地区校友会的活动组织情况，祝大家新春快乐。韩杰才副校长代表学校做了科技工作汇报，韩副校长从哈工大历史、哈工大精神、科研成果等几个方面进行了讲解。2012 年，哈工大在论文数量和质量、科研经费、人才培养、重要科研成果等方面均取得了长足的发展，学校正在向世界一流大学不断迈进。

随后，以北京校友合唱团（以老校友为主）的合唱开始，大家纷纷表演节目。一个个精彩的节目表达了哈工大人的豪迈和对母校美好的祝愿。老中青校友以歌舞、合唱、戏曲等方式表达了对学校深深的眷恋、对未来美好的憧憬，博得了阵阵掌声。联欢会还演出朝鲜族舞蹈——长鼓舞，获得热烈掌声。校友们纷纷表示，校友会为大家创造了一个很好的交流平台。

（参考中国水网报导）

主持人

熊焰讲话（海锦涛摄）

表演节目

韩杰才讲话（海锦涛摄）

会场（一）

北京校友合唱团演唱

校友表演节目（一）

校友表演节目（二）

校友表演节目（三）（海锦涛摄）

校友表演节目（四）（海锦涛摄）

校友表演节目（五）（海锦涛摄）

校友表演节目（六）（海锦涛摄）

校友表演节目（七）（海锦涛摄）

校友表演节目（八）（海锦涛摄）

会场（二）

会场（三）

会场（四）

会场（五）

会场（六）

会场（七）

会场（八）

会场（九）

张管生和杜焕生

会场（十）

会场（十一）

刘恩芳和刚杰

校友合影（一）（海锦涛摄）

校友合影（二）（海锦涛摄）

校友合影（三）（海锦涛摄）

2014年10月19日
哈工大北京老年校友金秋茶话会

2014年10月19日，北京地区校友会在中国建筑工业出版社会议室举办了“哈工大北京老年校友金秋茶话会”，50多位老校友到会。北京的秋天是很美的，但开会这天遭遇了较重的雾霾，天空灰蒙蒙的，校友们都不辞辛苦地从四面八方前来参加聚会。

会议由北京校友会副秘书长刚杰和郎惠生主持。刚杰首先致辞，她说，哈工大在北京的校友有几万人，组织大规模活动有些困难，也很难满足大家的不同需求，只能是根据实际情况举办一些专业性的、小型的、有针对性的活动，比如年轻校友每年春天举办的登山活动“蟒山之春”、“创新俱乐部”活动，还有暖通专业的年会、市政及环境专业校友会的“新年联欢”活动等等，都搞得很好，很成功。通过这些活动校友之间交流了信息，加强了联系，增强了友谊。这些活动充分展示了在北京的哈工大人朝气蓬勃的工作情况和生活状态。

已经退休的老校友也希望能交流一下退休生活经验。今天举办这个茶话会，就是老校友在一起聚一聚，聊聊退休以后的生活，聊聊养生保健。

之后由中国建筑工业出版社党委书记、年轻校友张兴野讲话，他对老校友们的到来表示热烈的欢迎，祝福大家健康长寿，并向与会校友赠送了由中国建筑工业出版社出版的《看日出——吴冠中老师66封信中的世界》。

茶话会上，校友们纷纷把自己带来的作品奉献给大家，有的送摄影作品，有的送书，有的送画册，有的送光盘，气氛十分热烈、温暖，令人感动。

会上有十多位校友发言，讲述他们退休以后的精彩生活。

楼士礼校友的摄影颇多，关于长城的，

关于自然风光的，应有尽有。他花费十几年时间，走过国内外很多地方坚持拍摄和积累花卉摄影作品，出版了《百花赋——楼士礼花卉摄影》，其中收集了241种精美花卉的照片。他在《百花赋》的序言里说："花孕育着生命，隐含着繁荣，标示着昌盛。"楼士礼把他对祖国的热爱，对生活的热爱，对国家繁荣昌盛的期盼，投入到拍摄花卉上。生命珍贵，花开灿烂，艰辛历程，令人赞叹。校友们翻看那鲜艳夺目、生机勃勃的各种花卉，啧啧赞美。楼士礼还介绍了退休后的生活和养生经验。

李继兰校友讲了自己学习绘画的经历和心得体会，并把她的作品《李继兰花鸟画精品选》送给大家。她还参加合唱团。她说，自从退休以后，有时间了，学些东西，丰富了自己的生活，增加了一些生活乐趣，感到很充实。

陈正清校友回忆在校的生活，朗诵了他为这次聚会写的一首诗：

岁月峥嵘赤日燃，豪情壮志冲云天。
寒窗苦读松江畔，功夫到家规格严。
炉火熊熊铸长剑，忠心耿耿绣山川。
人间共赞夕阳美，喜盼中华梦早圆。

陈正清的诗句仿佛把大家带回了母校，使大家回忆起松花江畔的青春岁月。

吴凤书校友已经80多岁了，他喜欢旅游，和老伴多次出国旅游，先后游览了亚洲、欧洲、非洲、大洋洲、南美洲和北美洲六大洲41个国家和地区，出版了《老年畅游世界》一书，书中详细介绍了各国社会地理状况、自然风光和旅游见闻。看到他红光满面，神采奕奕，很难想象已经是80多岁的老人了。

海锦涛校友为大家制作了苏联歌曲200首光盘和生活百科光盘。

孙茹瑛校友介绍三峡工程情况，引起了热烈的讨论。

喜爱书法的秦运山校友介绍书法养生和以文会友的情况。

暖通分会会长许文发校友介绍了回母校的情况和见闻。

会上，还有张管生、郎惠生和杜忠权等校友发言，讲述了他们有滋有味的退休生活，介绍养生保健经验。

午餐后，大家参观了中国建筑工业出版社60周年成就展。

下午，大家自由交谈、合影。与会校友畅谈了生活情趣，养生保健的经验和心得体会，会场洋溢着轻松、愉快、友好的气氛，直到下午三点多钟，大家在共祝健康长寿、互道保重中依依不舍地告别。

这次茶话会充分反映了老校友们老有所学、老有所为、老有所乐的精神状态，大家交流了退休后的生活经验，感到很有收获。

这是一次成功的聚会，也是一次传递正能量的会议。（刚杰撰稿）

附：七十抒怀（王立臣）

2014年10月19日，在中国建筑工

业出版社召开的哈工大老校友金秋茶话会上，我发言时讲了去年写的一首诗《七十抒怀》，谈了一些人生感悟。一些校友觉得不错，会后索要诗句，遵嘱抄给你们，并做些解释。让我们互助互勉，都有一个平安幸福的晚年。

七十抒怀

转眼到古稀，人生难再少。
从容看日落，虽有余情绕。
去留应无意，名利心该了。
心闲天地宽，理明牵挂少。
静养性情和，动练筋骨好。
满目夕照明，七十不觉老。

前两句是一种感慨，是古今人们都有的一种情感吧。唐代大诗人白居易咏老诗中就有这样的句子："晨兴照青镜，形影两寂寞。少年辞我去，白发随梳落。""但惊物成长，不觉身衰暮。去矣欲何如？少年留不住。"诗圣杜甫也有诗感叹："花飞有底急，老去愿春迟。可惜欢娱地，都非少壮时。"人老了，心志也会变化，觉得春来得太早，花落得太急了，希望时间过得慢些，可是岁月终究留不住。

人老了常用"夕阳无限好，只是近黄昏"做比喻，抒发的是面对日落的惆怅。我更喜欢"落日从容"的景象：不管刮风下雨、电闪雷鸣，还是风和日丽、冰天雪地，落日都不受影响，是那么从容。老年人应该调整心态，学习这种从容。当然完全做到也不容易，因为太阳落了，明天还会升起；人"落"了即化为尘土。所以人到老年会有一些东西放不下，为某些"余情"缠绕。这里的"余情绕"借用了清代龚自珍的诗意。这位写过"我劝天公重抖擞，不拘一格降人才""落红不是无情物，化作春泥更护花"等著名诗句的清末政治家、诗人，一生不顺利、不得志，晚年写了一首这样的诗：

未济终焉心缥缈，百事翻从缺陷好。
吟到夕阳山外山，古今谁免余情绕。

晚年的诗人虽有许多不甘和余情，但是终于明白有"缺陷"、不圆满才是人生的常态。古今谁免得了呢！这不是阿Q式的自我安慰，而是一种人生清醒的感悟。

《菜根谭》一书中说："宠辱不惊，看庭前花开花落；去留无意，望天上云卷云舒。"主要是讲一种心态，但是古今做到都不容易。而我们退休了，进入了老年，应该能做到了，所以有"去留应无意，名利心该了"两句。

"心闲天地宽"的"闲"是指摆脱了名缰利锁等束缚后的状态，有了真正的身心自由，自然感到天地宽了。老一辈革命家陶铸有"如烟往事俱忘却，心底无私天地宽"的诗句，那是1969年重病中被疏散去安徽前写给夫人曾志的诀别诗中的最后两句，表达了自己坦荡无私的品格，但是他无法摆脱体制的束缚和改变自己的命运，所以天地也是有限的，也许他感受更多的是“高处不胜寒”。“理明牵挂少”的“明”是看透人生的很多道理，如功利、得失、取舍、生死以及子孙、情感、生活等等，而且真明白才行。这样就会“看破、放下、自在”，会减少很多因牵挂、纠结而生的烦恼，并发现和生出很多过去被忽视的情趣和快乐。

闲下来要做点事，精神有所寄托，思想不能僵化，最重要的是有一个平和的心态，所以要“静养性情和”。静是如老子所说“致虚极，守静笃”，虚极是洗除尘污、清除杂念，心胸变得沉静清明。以这样的心态去做些事情，都是静养功夫。几年前我给孩子们写信说：“没有了工作的压力，少了功利的考量，每天徜徉于读书、写作之中，对话于古今人物之间，仿佛跳到三界之外，俯视百态人生，真是一种享受。”这也是平和心态生出的静美吧。进入老年要根据自己的身体和条件参加一些锻炼和活动，强筋健骨，增强自我料理生活的能力，既保持较好的生活质量，又可减少亲人的负担。当然光“炼”并不能保证身体好，还受很多因素影响，如遗传、饮食、习惯、环境以及个人的性格、修养等等，所以其他方面也要注意才行。

叶剑英元帅1977年八十岁时作的诗中有“老夫喜作黄昏颂，满目青山夕照明”的句子，我借用了老人家的诗意。我国改革开放三十多年取得了举世瞩目的成就，人民的生活也有很大提高，虽然还面临诸多困难和问题，相信一定会解决，特别是我们晚年还可以看到民族复兴之梦正在实现，“满目青山夕照明”确是心里的感受。至于“七十不觉老”则主要指心态、思想、精神上的。那天聚会时老校友对我说：“你发言时我想插话，我们全然没有了花季少年的年龄，但可以有花季少年的心态。”我赞赏她的看法。我们不再有如青少年的朝气蓬勃，但可以找回纯真；我们已经习惯于理性思考，却可以保有一颗好奇心。纯真、好奇心不正是花季少年最宝贵的特质吗？看校友送给大家的她多年拍摄的画册，那样精致、纯美，不仅靠的是技术和设备，更因为有一颗纯真、好奇的心！老舍先生曾说过：“哲人的智慧，加上孩子的天真，或者就能成个好作家了。”还有那天校友展示的国画花鸟、拍摄的《百花赋》都有很高水平。“莫道桑榆晚，为霞尚满天”，祝他们取得更大成绩！也为所有的老年校友祝福！

（王立臣 2014年10月19日）

会场（一）（海锦涛摄）

会场（二）（海锦涛摄）

刚杰讲话

王立臣讲话（海锦涛摄）

海锦涛讲话

吴凤书讲话

郎惠生讲话

楼士礼介绍《百花赋》（海锦涛摄）

向熙扬和李继兰（海锦涛摄）

会场（三）

会场（四）

会场（五）

会场（六）

会场（七）

会场（八）

陈正清讲话

许文发讲话

黎克、党磊、孙茹瑛

许文发与校友交谈

孙茹瑛校友介绍三峡工程情况

秦运山校友介绍书法养生

张管生讲话

姜以定和刘振起

校友合影（一）

校友合影（二）（文中讲话系根据记录整理，仅供参考。照片除署名外，均为杜焕生摄。）

2015年1月17日
2015年哈工大北京校友新春联欢会

2015 年 1 月 17 日下午在花园饭店维也纳宴会厅（海淀区花园东路 30 号）召开“2015 年哈工大北京校友新春联欢会”。参加会议的有哈工大老校长杨士勤、新任校长周玉、哈工大校友总会副会长顾寅生、北京校友会会长熊焰等，共有 100 多人。

首先，熊焰代表北京地区校友会致辞，向大家介绍了北京地区校友会的活动情况，祝大家新春快乐。周玉校长介绍了哈工大取得的巨大发展，学校正在向世界一流大学不断迈进。

校友们频频举杯，为母校的进步、为国家的富强干杯，为新春快乐干杯。

杨士勤

周玉讲话

熊焰

校友合影

会场（一）

主持人

杨士勤和周玉

戴钧陶和海锦涛

会场（二）

会场（三）

会场（四）

会场（五）

会场（六）

校友表演节目（一）

校友表演节目（二）

校友表演节目（三）

校友表演节目（四）

校友表演节目（五）

校友在照相

校友表演节目（六）

校友表演节目（七）

校友表演节目（八）

（后面的19张图片全部由海锦涛提供）

2016年2月28日
2016年哈尔滨工业大学北京校友会新春联欢会

2016 年 2 月 28 日晚在北京花神假日酒店举办 2016 年哈尔滨工业大学北京校友会新春联欢会。北京花神假日酒店在世界花卉大观园北门，联谊会在多功能厅举办。于明主持会议，有近千名校友参加。参加会议的有哈工大原副校长崔国兰，威海、天津的校友代表，黑龙江大学、黑龙江师范大学的代表。北京校友组成 18 个代表团，旗手擎旗上台，给大家致新春祝福。熊焰讲话，怎样做到及格人才进而成为优秀人才。崔国兰介绍了母校的新发展、新成绩。之后，表演文娱节目，还有抽奖活动。出席会议的老校友有 30 多人，其中建工老校友 10 人。

会场（一）

会场（二）

于明主持会议

旗手擎旗上台

旗手向大家致新春祝福（一）

旗手向大家致新春祝福（二）（海锦涛摄）

老年校友代表刚杰致辞（海锦涛摄）

旗手向大家致新春祝福（三）

旗手向大家致新春祝福（四）

旗手向大家致新春祝福（五）

旗手向大家致新春祝福（六）

旗手向大家致新春祝福（七）

旗手向大家致新春祝福（八）

海锦涛在摄影

熊焰讲话

崔国兰讲话（海锦涛摄）

校友合影（一）

文娱节目演出

校友合影（二）

范广众和熊焰

校友共举杯（一）

校友共举杯（二）

朱彤夫妇向海锦涛、刚杰敬酒

主持人（一）

校友表演节目（一）

主持人（二）

校友表演节目（二）

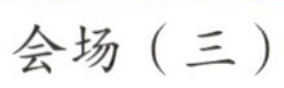
会场（三）

会场（四）

会场（五）

白秋晨

主持人（三）

校友表演节目（三）

校友表演节目（四）

校友表演节目（五）

（后面的12张图片全部由海锦涛提供）

2017年2月19日
哈尔滨工业大学北京校友会2017年新春联欢会

这次联欢会由哈工大北京地区校友会主办，电气分会承办。参加会议的有哈工大副校长任南琪、哈工大校友总会副会长崔国兰、哈工大威海校区校长曲世友、天津校友会和威海校友会的代表等，共有700多人，约有30位老校友参加。

会议由于明主持（文娱节目由李倩茹、李博洋主持），北京地区校友会会长熊焰做长篇讲话，阐述改革开放的好处和教育改革。哈工大副校长任南琪讲话，介绍母校的发展和成绩。

请专业艺术人才表演节目，水平很高。校友演出舞蹈、朗诵诗、古筝独奏等。各分会、各社团擎旗上台，向大家致新春祝福。老校友由王有臣代表擎旗上台，向大家致新春祝福。

校友合影（一）

陆辛、杜焕生、海锦涛和王有臣

老校友合影

崔国兰和校友合影

主持人李倩茹、李博洋

熊焰做长篇讲话

哈工大副校长任南琪讲话（海锦涛摄）

会场（一）

二胡演奏《山村小景》和《战马奔腾》，特邀陈军、陈依妙演出（海锦涛摄）

独唱《红梅赞》《在希望的田野上》，特邀伊泓远演唱

诗朗诵《追梦》，于明等五人演出（海锦涛摄）

校友表演节目

独唱《好运来》《载歌载舞》，特邀战扬演出

会场（二）（海锦涛摄）

独唱《草原上升起不落的太阳》《父亲的草原母亲的河》，特邀刘少峰演出

独唱《和平年代》《自由飞翔》，特邀矫妮妮演出

京剧《红灯记》铁梅唱段《光辉照儿永向前》，特邀丁晓君演出

乐器萨克斯独奏《望春风》《回家》，特邀李紫阳演奏

古筝独奏《高山流水》，张菊芳演出

吉他弹唱《同桌的你》，张维明、陈家威演出

独唱《天之大》，苗丽莎演出

独唱《呼伦贝尔大草原》，李美伦演出

张管生举杯

熊焰、戚庆伦和李永祥举杯

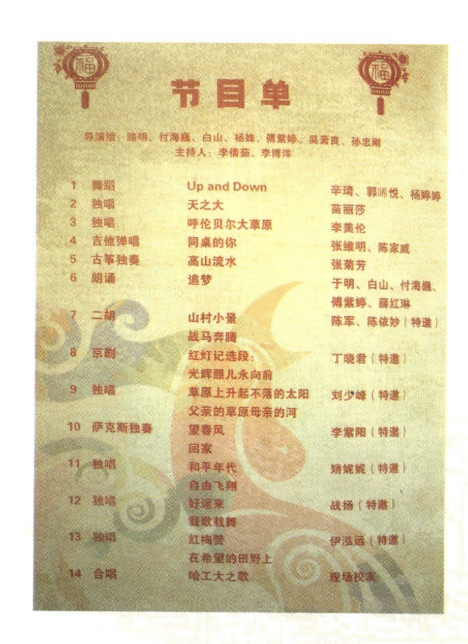

节目单

导演组：路明、付海巍、白山、杨姝、傅紫婷、吴蕾良、孙忠刚
主持人：李倩茹、李博洋

1	舞蹈	Up and Down	辛琦、郭晞悦、杨婷婷
2	独唱	天之大	苗丽莎
3	独唱	呼伦贝尔大草原	李美伦
4	吉他弹唱	同桌的你	张维明、陈家威
5	古筝独奏	高山流水	张菊芳
6	朗诵	追梦	于明、白山、付海巍、傅紫婷、薛红琳
7	二胡	山村小景 战马奔腾	陈军、陈依妙（特邀）
8	京剧	红灯记选段： 光辉照儿永向前	丁晓君（特邀）
9	独唱	草原上升起不落的太阳 父亲的草原母亲的河	刘少峰（特邀）
10	萨克斯独奏	望春风 回家	李紫阳（特邀）
11	独唱	和平年代 自由飞翔	娇妮妮（特邀）
12	独唱	好运来 载歌载舞	战扬（特邀）
13	独唱	红梅赞 在希望的田野上	伊泓远（特邀）
14	合唱	哈工大之歌	现场校友

节目单

会场（三）（海锦涛摄）

会场（四）（海锦涛摄）

会场（五）（海锦涛摄）

会场（六）

会场（七）

会场（八）

会场（九）

校友合影（二）

校友合影（三）

校友合影（四）（海锦涛摄）

会场（十）

于明宣布各社团上台

会场（十一）

会场（十二）

会场（十三）

会场（十四）

会场（十五）

会场（十六）

会场（十七）

会场（十八）

会场（十九）

王有臣祝大家新春快乐

会场（二十）

会场（二十一）（海锦涛摄）

会场（二十二）（海锦涛摄）

合唱《哈工大之歌》

主持人宣布演出结束

工作人员合影（一）

工作人员合影（二）

工作人员合影（三）

参加会议的老校友合影

校友合影（五）

校友合影（六）（以下5张照片为海锦涛摄）

校友合影（七）

校友合影（八）

校友合影（九）

校友合影（十）

2018年3月11日
2018哈尔滨工业大学北京校友会新春联欢会

在举国喜庆改革开放四十周年之际，2018年3月11日，在北京大红门国际会展中心以“中国梦，校友情”为主题的“2018哈尔滨工业大学北京校友会新春联欢会”隆重召开。本次新春联欢会由哈工大北京地区校友会主办，北京校友会建材分会承办。

哈尔滨工业大学副校长、校友总会副会长、工程院院士任南琪，哈工大原副校长、副书记孙和义，哈工大校友总会办公室主任、教育发展基金会副秘书长卢长发，哈工大威海校区党委书记姜波、副校长曲世友，哈工大管理学院党委书记孟炎、院长叶强等领导，哈工大天津校友会副会长兼秘书长郑炜、副会长刘保良，河北校友会副会长兼秘书长韩景元，陕西校友会常务副会长杨小勇，黑龙江校友会常务副会长马任远，山东校友会秘书长高峰，青岛校友会秘书长欧阳松及燕山大学北京校友会常务副会长刘若峰等其他兄弟院校校友会嘉宾莅临大会。北京地区校友会会长熊焰，常务副会长白秋晨，副会长刚杰，副会长、秘书长于明以及北京地区校友会老领导许文发、王立臣、张管生、海锦涛、郎惠生等出席了本次新春盛典。哈尔滨市驻京办事处副主任李明、外联处处长路春野等领导应邀出席了盛会。800余名在京校友和近百名志愿者代表北京四万多名校友参加了本次盛会，共话中国梦、齐诉校友情。组队参加盛会的哈工大北京校友团体有：老校友会、建材分会、电气分会、暖通燃气分会、计算机分会、土木分会、理学院分会、汽车学院分会、会计专业分会、机电学院分会、能源学院分会、法学分会、管理学院分会、材料学院分会、交通学院分会、建筑学院分会、威海分会、市政学院分会、校友活动基地、校友创业俱乐部、环保产业联盟、医疗健康联盟、教育联盟、大数据联盟、金融校友俱乐部、军民融合创新研究院、天一户外俱乐部、跑团俱乐部、足球俱乐部、篮球俱乐部、羽毛球俱乐部、高尔夫球俱乐部、书画俱乐部、禅茶社、幸福对对碰等。

下午3点整，大会准时开幕，由北京地区校友会副会长、秘书长于明主持。在雄壮的乐曲声中，36个分会和社团代表队队长高举队旗登上舞台，逐一致辞。建材分会会长张登平特别表达了承办感言。

之后，哈工大天津校友会副会长兼秘书长郑炜致辞，代表兄弟校友会对北京地区校友会本次联欢会表示祝贺并致以新春的祝福。他表示，感谢北京地区校友会给外地兄弟校友会提供了一个共聚一堂、互相交流学习的机会，并高度赞赏了北京地区校友会多年来扎实的工作、巨大的影响力和感召力。北京地区校友会真正成为凝聚校友情感、搭建资源共享的服务平台，在为母校发展、为校友事业助力、为地方经济建设添砖加瓦中做出了突出贡献，成为哈工大在北京市的一张靓丽的名片，是各地哈工大校友会的楷模和榜样。同时，对北京地区校友会长期以来对天津校友会工作的支持与帮助致以衷心的谢意，希望以本次大会为契机，进一步加强天津校友会与北京地区校友会、河北校友会等其他兄弟校友会的交流与合作，更好地服务母校、服务京津冀三地的校友、服务京津冀三地的地方经济建设！

任南琪副校长代表学校和学校领导向北京地区广大校友长期以来对母校发展建设的关心与支持和为地方经济、社会发展做出的贡献致以崇高的敬意和衷心的感谢。任副校长表示，北京地区校友会在熊焰会长的带领下，团结广大校友，秉承“联系、服务母校，联系、服务更广大校友”的宗旨，不断深化“多中心、多层次、网络化、扁平化”校友会组织体系，加强与全国哈工大兄弟校友会及全国其他院校校友会之间的横向联系协作，给北京地区校友工作带来了无限生机。任副校长也介绍了学校过去一年的发展状况和取得的优异成绩：过去的一年，在“双一流”建设中，哈工大17个学科位列全国第四轮学科评估A类，在多项国家高新项目中走在前列，并成功举办了首届冰雪文化节。任副校长表示，创建“中国特色，世界一流，哈工大规格”百年强校，离不开每一个哈工大人，哈工大校友与学校是休戚相关的命运共同体；在校内外哈工大人的共同守望和努力下，哈工大时刻保持敏锐的洞察力和深远的历史目光，为国家、为社会、为人民源源不断地输送人才、充实智库；距建校百年、实现“位列世界一流大学行列”的奋斗目标只有800多天，时不我待，我们要努力走在时间之前，以习近平新时代中国特色社会主义思想为引领，同舟共济，砥砺前行，共同创造哈工大美好的明天！

哈工大北京地区校友会熊焰会长做了简短的讲话，对各位校友的到来表示衷心的感谢并致以新春的祝福。熊会长意味深长地指出，改革开放以来，信息货币、全球化等推动着中国，当然包括我们的母校哈工大发生着翻天覆地的变化；我们每一个大学生，特别是哈工大人，受到的教育体系是足够严谨规范的，但在开放、创新、突破方面稍显不足。熊会长以自身经历谆谆教诲，建议现场校友尤其是年轻校友，应尝试进行自我认知训练，开阔思路，以开放的视野谋创新，以创新的思路抓开放！随后，联谊会会务组负责人、建材分会赵霄龙邀请赞助校友登台亮相，代表全体校友向他们的大力支持和慷慨相助表示由衷的感谢！最后，在于明秘书长主持下，建材分会会长张登平将哈工大北京地区校友会会旗郑重交给了暖通燃气分会负责人车立新，标志着下一届校友新春联欢会将由暖通燃气分会承办。

由青年校友由甲子担任总导演、付海巍和齐文丽两位校友担任执行总导演的导演团队为校友们带来了一场无比精彩的新春联欢文艺演出。

空政文工团国家一级演员刘和刚带来的独唱《父亲》《撸起袖子加油干》，拉开了本场联谊会文艺表演的序幕，将新春联谊会推向了高潮！文艺节目由关云航、姜月、李倩茹、李博洋四位校友担纲主持人。校友们多才多艺，节目精彩纷呈：轻云般慢移、旋风般疾转的肚皮舞《梦幻丝路》；高亢激昂、清脆响亮的合唱《我爱你中国》、独唱《站在草原望北京》；轻柔如水、洋洋盈耳、令人动容的歌曲《岁月》；如丝如缕、如歌如诉的小提琴独奏《梁祝》《He’s a pirate》；空灵纯净、扣人心弦的京剧《梨花颂》；朝气蓬勃、青春洋溢的乐队表演唱《曾经的你》；铿锵有力、振奋人心的情景剧诗朗诵《诉说哈工大》以及歌伴舞《青花瓷》。大家用如火的热情、劲爆的舞蹈尽情释放，博得校友们阵阵热烈的掌声。第 59 届世界小姐中国赛区亚军战扬的一曲《大地飞歌》唱出了春天的蓬勃气息；中国舞蹈家协会副主席、79 岁高龄的陈爱莲老师压轴出场，用曼妙灵动的舞蹈《天路》将现场气氛推向了又一个高潮，更用她乐观自信的精神感染着每一位校友。最后，各分会和社团代表队队长举旗再次登台，与台下校友共同激情合唱校歌《哈工大之歌》，文艺演出在全场校友雄浑的歌声中徐徐落下帷幕。在场的校友们深深感受到，我们欢聚一堂，以歌为魂，以舞为媒，共同展示着哈工大近百年拼搏奋进的精神面貌，共同重温学生时期的意气风发和青春理想。整台演出不仅凝聚着各位演员的认真排练，也凝聚着导演团队的辛勤付出！

蓝天当纸，海水为墨，写不完我们心中对母校的思念；群峰放声，大江展喉，唱不尽我们校友永恒的情谊。联欢会的聚首，既拉近了校友之间的距离，更体现了校友对母校那份炙热的爱。哈工大这所“航天大校，国防强校，建筑名校”，是我们永远的骄傲！让我们用自己的亲身体会告诉千千万万有志报考的青年：做哈工大学子，你的荣耀超出你想象！欢迎校友常回“家”看看，也祝愿广大校友身体安康，工作顺利，事业有成，我们相约明年再见！

（以上选用网上资料，来源：微信公众号 发表于 2018-03-22 。略有删节）

2018哈尔滨工业大学北京校友会新春联欢会

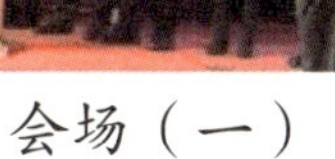

会场（一）

会场（二）

会场（三）

任南琪

孙和义

卢长发

刚 杰

曲世友

郑 炜

许文发

王立臣

郎惠生

孟 炎

叶 强

熊 焰

白秋晨

于 明

部分参会校友

郑炜讲话

任南琪讲话

熊焰讲话

主持人关云航、姜月、李倩茹、李博洋（一）

主持人关云航、姜月、李倩茹、李博洋（二）

于明介绍来宾

各分会或社团向大家致新春祝福（一）

各分会或社团向大家致新春祝福（二）

各分会或社团向大家致新春祝福（三）

各分会或社团向大家致新春祝福（四）

各分会或社团向大家致新春祝福（五）

朱彤和王昕竑

肚皮舞《梦幻丝路》

歌曲《撸起袖子加油干》，特邀刘和刚演出

歌曲《父亲》，特邀刘和刚演出

歌曲《我爱你中国》，张瀚文、蔡翱、付海巍演唱

会场（一）

会场（二）

京剧《大唐贵妃》选段《梨花颂》，裴镔演唱

小提琴独奏《梁祝》，《He's a pirate》，曹蕊演出

歌曲《曾经的你》，原泉、田子玄、赵锐、徐小童、任姗演出

歌曲《岁月》，单蕾、郑远演唱

会场（三）

情景诗朗诵《诉说哈工大》，姜月、白山、付海巍、邓贺云演出

歌伴舞《青花瓷》，谢丽雯、董剑威演出

歌曲《大地飞歌》，特邀战扬演唱

舞蹈《天路》，特邀陈爱莲演出

会场（四）

会场（五）

会场（六）

合唱《哈工大之歌》

于明致感谢词

表扬赞助会议的校友

感谢赞助会议的校友

转交分会承办会议大旗

会场（七）

会场（八）

会场（九）

校友留念

张管生和海锦涛

校友合影（一）

节目单

校友合影（二）（由海锦涛提供）

校友合影（三）（由海锦涛提供）

校友合影（四）（由海锦涛提供）

2019年3月16日
哈工大北京地区校友会2019年“新春联谊会”

三月的首都北京，雁栖湖清波荡漾欢笑，哈工大校友喜拥春潮。哈尔滨工业大学北京地区校友会2019年新春联谊会暨暖通燃气专业创建70年庆典活动，2019年3月16日在北京雁栖湖国际会展中心隆重举行。这次活动由哈工大北京地区校友会主办，北京地区校友会暖通燃气分会承办。

哈尔滨工业大学副校长韩杰才，哈工大北京地区校友会会长熊焰，副会长、秘书长于明和顾问，以及来自哈工大一校三区及校友总会、建筑学院、哈工大教育基金会、哈工大出版社等机构的母校领导和老师，哈尔滨兄弟高校北京校友会，哈工大天津、河北校友会，北京地区校友会各专业分会及社团组织的近千名校友参加了这次盛会。

本次活动以“百年大学桃李尽芳菲，七秩专业情谊满园春”为主题，分为校友论坛、主题年会和文艺演出三部分。

这次年会在形式上与往届不同，特别设立了两个论坛。其中，第一个分论坛以“哈工大与改革开放40年”为主题，聚焦我国改革开放40年来所取得的巨大成就，展示哈工大人投身祖国建设所做出的突出贡献。该论坛由校友总会副会长、北京地区校友会会长熊焰主持。

在哈工大任职17年的杨士勤老校长发表了主题演讲。当精神矍铄的老校长走上演讲台时，全场起立响起热烈的掌声，向他表示崇高的敬意。年逾八旬的杨校长站立一个多小时，回顾了哈工大从俄式、日式办学到中式办学，直到回到新中国怀抱的发展历程，特别是改革开放40年来，哈工大弘扬建校初期“八百壮士”精神，秉承着“规格严格，功夫到家”的校训，为国家建设培养了大批建设人才和师资力量，勇挑国家建设和民族复兴的重任，取得了举世瞩目的巨大成就。杨校长希望哈工大校友积极向兄弟院校学习，树立信心、勇于创新、团结奋进、攻坚克难。他还语重心长地叮嘱校友们，要保持工科人规格严格、技术严谨、精益求精的精神，还要多请教市场、金融、法律、管理等方面的专家，在事业上全面发展。

杨校长充分肯定了北京地区校友会在各个方面所做出的有效工作，感谢校友们的无私付出，也希望北京地区校友会在未来做出更出色的成绩，为母校做出更大的贡献。

第二个分论坛以“暖通燃气专业创建70年”为主题。建筑学院党委书记张国宏致辞，介绍了建筑学院的发展现状和暖通燃气专业的前景和未来。建筑学院副院长89级校友刘京、53级校友艾效逸、60级校友马黛、61级校友许文发、77级校友李德英、79级校友刘贺明、98级校友赵玺灵、弗瑞斯热平衡机组总经理赵中文等做主题发言。该论坛由86级校友车立新主持。

伴随着新中国70年来翻天覆地的巨大变化，哈工大暖通燃气专业阔步前行，创造着一个又一个温暖通达的传奇，谱写出一个又一个点燃梦想的惊喜。各位校友抚今追昔，对暖通燃气专业的未来发展前景满怀期许，对每一位暖通燃气人给予厚望。

哈工大北京地区校友会暖通燃气分会成立于1993年，目前已成功举办12届暖通燃气校友活动，北京在册登记校友达1 500余人。暖通燃气专业至今已有70年的历史，5 000多名毕业生，因校址几经变迁，资料遗失不全，致使许多校友多年没有音讯。暖通燃气分会这次辗转找到了这些师生同窗，过程十分艰辛，结果令人欣喜，这份深情厚谊也成为这次盛会的至深感动。

这是一个喜庆的季节，这是一个欢乐的时刻！近千名哈工大校友带着美好的祝愿，怀着心中的喜悦，来到本次年会的主会场，每个人的脸上都洋溢着豪迈的笑容。会场内春意盎然，舞台背景呈现“百年大学桃李尽芳菲，七秩专业情谊满园春”的会议主题。观众席里欢声笑语，洋溢着热烈、喜庆、祥和的气氛。

16时许，主题年会拉开帷幕，主持人朱彤宣布大会开始。国家最高科学技术奖获得者刘永坦院士发来视频，表达了无数哈工大人矢志不渝的共同心声。他表示，崇高荣誉的获得离不开母校对整个团队的大力支持，哈工大精神始终鼓舞我们为国家出力、为民族担当，以报效国家为己任，这也是不忘“规格严格，功夫到家”校训的初心体现。

许文发老师代表本届年会承办方暖通燃气分会介绍了筹备情况，向哈工大暖通燃气博物馆捐赠了文物资料。哈工大河北校友会会长韩景元、黑龙江大学校友会会长杨金城也先后发表贺词，哈工大北京地区校友会会长熊焰同6位副会长登台亮相。熊焰会长做了简短的讲话，对各位校友的到来表示衷心的感谢并致以新春的祝福。

哈工大常务副校长韩杰才院士带来母校师生的衷心祝贺，发表热情洋溢的讲话。要坚持以习近平新时代中国特色社会主义思想为指导，深入贯彻落实党的十九大精神。母校主动对接国家发展战略，与俄罗斯等二十余个“一带一路”沿线国家广泛开展科技合作，全面引领和支撑龙江振兴，积极推进科研和人才队伍建设，取得一系列突破性的科技成果，特别是详细地用 PPT 介绍了科研情况和取得的巨大成绩。

在催人奋进的音乐声中，组队参加盛会的哈工大北京校友团体——老校友分会、建材分会、暖通燃气分会、电气分会等 39 个分会和社团代表高举队旗登上舞台，向大家致以春天的问候。北京地区校友会暖通燃气分会将 2020 年哈工大北京地区校友会新春联谊的承办权递交给哈工大北京地区校友会土木分会。2020 年母校将迎来百年校庆，旗帜飘扬,满怀期待——期待着又一个春天，哈工大人将会创造新的奇迹,书写新的篇章。

百年大学无上的荣光，在每一个人的脸上绚丽绽放！哈工大人特有的豪迈，在这一刻闪耀着共有的辉煌！随着号角般的音乐，在追光的映照下，庆典演出拉开了壮美的帷幕……

具有史诗风格的庆典演出，气势恢宏，赏心悦目，堪称经典。

由青年校友由甲子、付海巍担任总导演和白山校友担任执行总导演的导演团队为校友们带来了一场无比精彩的新春联谊文艺演出。

歌舞《我们来了》取材于哈工大学子投身国家建设和首都发展的坚定信念与生动实践，波澜壮阔的场景仿佛把人们带回到意气风发的青春年代。激扬澎湃的歌声，唱响了哈工大人充满自信、勇于进取和无限豪迈的火热情怀，正如主持人田喆、李倩茹所言，这份自信、进取与豪迈，是母校近百年来的非凡气度所容纳和传承的别样风采，也是我们哈工大人攻坚克难、创造奇迹、实现梦想的无畏气概。

《诞生在共和国的早晨》是由本次演出的总策划金彪校友历时两个月，为暖通燃气专业创建 70 周年倾情创作的诗朗诵，通过礼赞哈工大暖通燃气专业所取得的发展成就，讴歌了祖国 70 年来翻天覆地的繁荣进步，以此向新中国 70 华诞致敬。宋岩、李东姝、高颖和武恩泽澎湃激昂、热情奔放的现场朗诵，打动了每一个校友的心灵，无限憧憬和深情感动激荡在每个人的心中。

特邀表演者王超的一曲《我和我的祖国》，让我们为祖国的繁荣昌盛而感到自豪。根据 33 年前的校园舞蹈重新编排的《我爱你塞北的雪》，唤起了深藏的岁月感激，加上闫海鹏的深情演唱，洋洋洒洒融化了青春芳华。周逸和付海巍表演的《往日时光》，让我们回想起在校园青涩美好的同窗情谊。

访谈《七秩师生情》感人至深，采用多种艺术手法，通过几个线索的交织，主副故事的融合，成为整场晚会的热点，称得上是经典中的经典。首先，五位分别在 00、90、80、70、60 年代入学的校友依次介绍了自己的老师和师恩传承，让在座的每位校友动情。当第六位校友 50 年代入学的艾效逸深情地说道“从我到 00 后的马玉婷不过是两米的距离，却经历了半个多世纪，代表了一个甲子的轮回和传承，我们都知道老师的人生最美丽，但青出于蓝，更胜于蓝，我们相信学生的肩膀一定能继续扛起新的奇迹”时，全场观众感怀峥嵘岁月，眼中无不闪烁着激动的泪花。苗丽莎用歌曲《长大后我就成了你》，献给每一位辛勤耕耘和无私奉献的哈工大教师。

张瀚文和傅紫婷的歌曲《平凡之路》和《骄傲的少年》，让我们感受到了蓬勃涌动的青春力量。青年男高音歌唱家马佳精彩演绎的《今夜无人入睡》引爆全场，整场文艺演出在大合唱《哈工大之歌》中震撼结束。

这台既体现哈工大北京地区校友会特色又具有较高艺术欣赏性的演出，主题突出、内容鲜明、形式多样、光彩照人，全场气氛隆重，观众情绪激昂，热烈的掌声一浪高过一浪，朗朗的笑声汇成欢乐的海洋，呈现出一片和谐景象。在母校哈工大的亲切关怀下，在京内外校友的热情支持下，在全体演职人员的群策群力和辛勤努力下，本次演出获得了巨大成功，构成了哈工大壮丽史诗中一段华美的诗行。

华灯初上，喜气洋洋。校友们把心底最美好的祝愿化作琼浆，重逢老朋友，结识新伙伴，畅谈师生情，共谋新发展，哈工大北京地区校友会新春联谊会在一片欢声笑语中缓缓落下帷幕。

回眸昔日历程，我们让梦想不再是梦想；踏上新的起点，我们再次燃亮新的希望。让我们手携手，肩并肩，超越更高的梦想，再创造更大的辉煌！祝愿我们的母校基业长青，祝愿我们的祖国繁荣富强！

（选自杨旭、龚雪、徐俊杰撰稿的2019-03-22修改后的报导，略有删节）

杨士勤老校长发表主题演讲

熊焰讲话

海锦涛讲话

会场（一）

会场（二）

会场（三）

校友合影

杨士勤老校长和老校友合影（一）

王立臣、张管生、范广众和郎惠生

杨士勤老校长和老校友合影（二）

会场（四）

会场（五）

会场（六）

杨士勤、熊焰和刚杰

张管生和范广众

杨士勤和许文发

朱彤主持

海锦涛、郎惠生和王立臣

会场（七）

哈工大河北校友会会长韩景元讲话

刘永坦院士发来视频

黑龙江大学校友会会长杨金城讲话

校友书法作品

许文发讲话

会长熊焰同6位副会长登台亮相

会场（八）

哈工大常务副校长韩杰才讲话

科研成果

会场（九）

会场（十）

主持人李倩如、田喆

歌舞《我们来了》，特邀北京市劳动人民文化宫表演

校友表演（一）

校友表演（二）

诗朗诵《诞生在共和国的早晨》，宋岩、李东姝、高颖和武恩泽表演

独唱《我和我的祖国》，特邀战友文工团王超表演

歌伴舞《往日时光》，付海巍、周逸表演

独唱《长大后我就成了你》，苗丽莎演唱

对唱《平凡之路》《骄傲的少年》,张瀚文、傅紫婷演唱

歌曲《今夜无人入睡》，特邀中国人民广播艺术团马佳演出

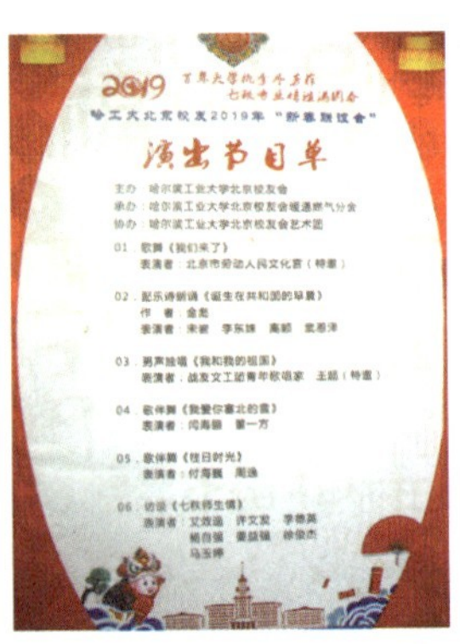
2019 百年大学桃李芬芳 七秩专业情谊满园春
哈工大北京校友2019年"新春联谊会"
演出节目单
主办：哈尔滨工业大学北京校友会
承办：哈尔滨工业大学北京校友会暖通燃气分会
协办：哈尔滨工业大学北京校友会艺术团
01.歌舞《我们来了》
表演者：北京市劳动人民文化宫（特邀）
02.配乐诗朗诵《诞生在共和国的早晨》
03.男声独唱《我和我的祖国》
04.歌伴舞《我爱你塞北的雪》
05.歌伴舞《往日时光》
表演者：付海巍 周逸
06.《七秩师生情》

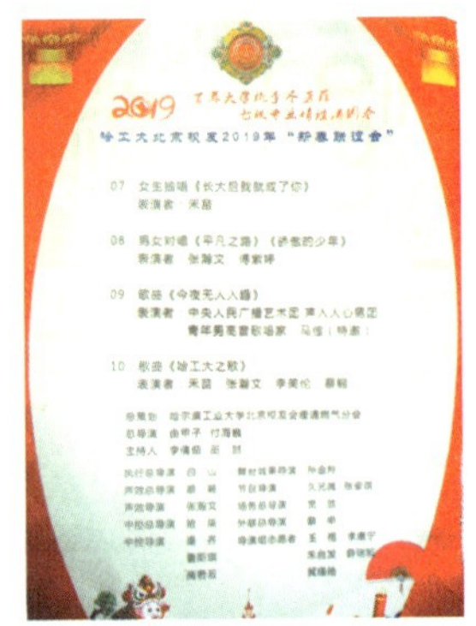
2019 百年大学桃李芬芳 七秩专业情谊满园春
哈工大北京校友2019年"新春联谊会"
07 女生独唱《长大后我就成了你》
08 男女对唱《平凡之路》《骄傲的少年》
表演者 张瀚文 傅紫婷
09 歌曲《今夜无人入睡》
表演者 中央人民广播艺术团 青年男高音歌唱家 马佳（特邀）
10 歌曲《哈工大之歌》
总策划 哈尔滨工业大学北京校友会暖通燃气分会

节目单

合唱《哈工大之歌》

哈工大北京地区校友会第五届组织机构成员名单

（2019年3月16日公布）

（按姓氏笔画排列）

会　　长：熊　焰

副 会 长：于　明　白秋晨　刚　杰　刘志硕　朱　彤　吕红军

执行副会长：车立新

顾　　问：王立臣　王有臣　许文发　张管生　张菊年　杜焕生　郎惠生　范广众　海锦涛

秘 书 长：于　明

副秘书长：马观宇　马胜军　王吉特　王辉军　由甲子　付海巍　孙兴义　孙忠刚　李　工　杨俊磊　吴　冰　邹晓虎　宋彦哲　张路峰　张登平　陆　群　周学琦　罗代松　唐虎林　曹洪利　崔学海　路　明　魏志民　魏　峰

北京地区校友会阶段性工作总结

我们开展校友活动一方面是靠母校的重视、支持及哈工大校友总会的领导，另一方面是有广大校友的热心支持和无私奉献。哈工大是一所世界知名大学，近年来，特别是改革开放四十年来，哈工大取得了令人瞩目的成绩，每个校友都为她的成绩而自豪。这就给校友活动注入了向心力和凝聚力。校友们都迫切希望知道母校的发展情况和令人鼓舞的巨大变化。一说哈工大，就有一种号召力和发自内心的亲切感。在我们举办活动时，学校领导和校友总会的老师有求必应，不辞辛苦到京参加会议或活动，介绍母校的蓬勃发展情况和日新月异的变化。这些都紧紧吸引着广大校友。校友们为能在哈工大学习和工作而深感荣幸，许多校友一听说有活动都积极支持、热心参与，真是有人出人、有钱出钱、有力出力。在我们组织的活动中，得到李树毅、王立臣、海锦涛、孙琦霄、孙金龄、刘植桢、蔡坚、刚杰、于明、白秋晨、王有臣、郎惠生、许文发、陆辛、刘宇、栾双盛、李汉国、李铁柏、段振宇、周友楠、韩梅林、郑德刚、杜军、朱彤、曹克、任显文、刘志硕、张中苑、王发塘、范广众、宋彦哲、崔学海、由甲子、付海巍、孙丽、路明、马胜军、李承宇等校友的大力支持，还有许多校友，就做无名英雄吧。在准备校庆 80 周年的活动中，许多校友提出建议，准备方案。北工大教授赵臣纲校友提出给母校建一座立体建筑——莫比乌斯带式模型，并找人画了方案图和彩色效果图。中共中央党校向熙扬教授和杜焕生找出珍藏多年的哈工大毕业纪念章，供北京校友会制作校庆套章用。

要做好这一工作，首先，要有一个讲团结、讲奉献、有干劲的领导班子。就是说，要有一个核心，有一个领导集体，不是单靠个人。北京地区校友会基本上做到了这一点，大家不辞辛苦、不计报酬、热心为校友活动贡献力量，特别是秘书长张管生和熊焰更是起到了带头作用。

第二，有一批骨干力量。1999 年 2 月

5 日在怀柔集贤山庄开会时，提出建立联络员制度，确定了 72 名联络员，后来陆续增加，达到 100 名联络员。其条件是：愿意为校友办事，有一定工作能力，有奉献精神，有空余时间。这些条件缺一不可。这些联络员由各单位推荐，也可自愿报名。校友人数多的单位选 2 人，人数少的选 1 人，特大单位有总联络员，负责下面单位联络员工作。这样形成一个网络系统，便于众多校友的组织工作和联系工作，也便于各单位校友活动。这些联络员在校友活动中发挥了很大的作用。如组织本单位校友参加 80 周年校庆活动，通知本单位校友参加北京地区校友活动，起到上情下达、沟通信息的作用。工作比较突出的有：航天一院 211 厂的李汉国，在校庆时联系一院赠给母校火箭模型；清华大学的孙金龄教授积极开展技术转让工作，在校友会议上组织介绍项目；航天五院 502 所段振宇在 80 周年校庆时不辞辛苦协助我们购买火车票，组织本所校友返校；2554 厂原党委书记吕放同志组织机制 57 校友活动，成效很大。

第三，有一个联系校友的《工作简讯》。由北京地区校友会秘书处主办的《工作简讯》，主要内容是校友活动情况、母校发展、校庆活动、校友成绩等，不定期印发，每期印 300 份，邮寄和分发给各单位联络员和校友骨干，起到沟通情况的作用。从 1999 年 4 月 28 日到 2006 年 12 月 12 日，共印发了 35 期工作简讯，反响很好。这适合于校友多、分散、地区广的特点。年轻校友更先进，利用互联网发布信息、交流情况。

今后，校友工作重心逐渐转移到年轻校友身上，一定会大放异彩。还要积极支持分会组织的活动，开展适合于老年校友的活动。积极支持母校建成 21 世纪的世界著名大学，为母校的大发展贡献力量。

当然，我们的工作还有很多不足，希望校友们批评和谅解。

附　录

张管生——我国企业能源管理的先行者和开拓者
《源锷天下 能源动力行业中的哈工大人》征文

能源是人类生存的基石、社会进步的基础、经济发展的动力和社会文明的阶梯，多少代、多少人为之奋斗。当今，能源与环境已成为社会的两大主题，节能减排就是其核心，又有多少人参与其中，付出了多少努力与艰辛，这里就有很多哈工大人。

节能就是加强能源管理。我国企业能源管理的开拓者和先行者之一，就是哈工大二系（动力系）的毕业生张管生教授。

早在上个20世纪七十年代末，张管生就在哈工大参与了当时主管国家节能工作的国家物资总局能源局副局长张继陶主持的“企业能量平衡”项目，一同参加的还有陈崇枢、孙恩召等老师。1980年张管生调往北京后，又参加了由中国科学院工程热物理研究所所长、世界知名的“三元流理论”创始人吴仲华院士主持的《首批四项能源国家标准》的制订，是主要起草人之一。为此，获得了1985年国家科技进步二等奖。

在“企业能量平衡”的工作中，张管生总结、归纳、提炼了能量平衡的两个模型、三种类型，以及能量平衡表的制订和能量平衡图的绘制。他与大家一起奠定了能源管理的基础工作，相应的国家标准也逐渐形成，1986、1987年他先后获得了部委和国家科技进步一等奖和三等奖。

在企业节能与加强能源管理的长期实践中，张管生不但参加了企业能量平衡等实际工作，而且首次提出了综合能耗的概念和计算方法；第一次提出了能源等价值、耗能工质等新名词术语的概念、内涵和计算，不但得到了广泛的应用而且被充分肯定，并纳入了首批能源国家标准，一直沿用至今。他为我国加强企业能源管理从实践到理论做出了重大贡献，解决了综合能源消耗的计算难题。

节能量的确定也是能源管理中的一个难点和痛点，张管生经过多年的实践分析和研究，终于明确了以“单位能耗”为依据，用以确定节能量计算的基本原则，从而为相应的节能工作创造了条件。

由于出色工作和有价值的成果，张管生教授先后获得了国家科技进步二等奖、三等奖各一项，部委科技进步一、二、三等奖各一项。张管生被国家教委和国家科委授予全国高校先进科技工作者（1990 年），被国家人事部授予“有突出贡献中青年专家”（1991 年）和获得国务院颁发政府特殊津贴（1991 年）。

张管生先后参与了十几项能源国家标准的制订与修订，参加几十项能源标准的审查、审定，因此，长期担任国家能源基础与管理标准化技术委员会委员，从第一届直到 70 岁，并被聘为名誉委员。

张管生还是中国能源研究会的初始会员，后为理事，并担任节能与企业能源管理专业委员会的副主任及专家委员会专家，在更广泛的范围内从事节能工作，如能源审计、合同能源管理等。另承担国家能源办的项目“中国能源框架体系研究”（核心组成员）（2009—2010），工信部项目“重点用能企业能源管理岗位设置与能源管理负责人制度实施办法”（主要起草人之一）（2011—2012）。

张管生在中国地区开发促进会担任副会长和秘书长期间担任甜高粱产业发展中心主任，专门从事生物能源的开发与研制。在山东等地建立了实验基地，开发了“甜高粱茎秆生物水解发酵蒸馏一步法制燃料乙醇系统”，并通过了政府鉴定。同时发表了相关论文多篇，首次提出“不与民争粮，不与粮争地，不与地争水”的目标，受到了国家重视，并上升为国家政策。当时国家发改委能源局局长徐定铭专程考察并充分肯定，中央电视台教育台、《华夏地理》均做了报道。张管生又被聘为中国西部发展研究中心专家委员会主任。

张管生除了直接参与节能工作和能源管理工作外，还从未间断地进行能源与节能减排的教学与科研工作，发表数十篇论文，参加编写《能源名词术语》《能源手册》；先后编写了《工程热力学与传热学》教材，并出版《科学用能原理与方法》等专著和《企业能量平衡》《高级能源管理和能源审计》教程等。参加培训近百场，培训学员近万人。包括富士康、新奥能源、兵器工业总公司、认证认可协会、陕西节能协会等专题培训。

张管生曾应邀赴日本神户大学（1990 年）进行“能源的利用”学术演讲和德国亚琛工业大学做技术报告（2008 年）及德国柏林“人民的能源论坛”上介绍中国能源利用状况（2010 年）。

张管生曾先后被聘为北京市政府节能顾问、首都科技集团顾问、中国工业节能和清洁生产协会专家、《中外能源》副总编、中国工合组织国际委员会顾问、广东省低碳企业协会专家等数十种社会职务，现在还担任人力资源和社会保障部教育培训中心能源管理培训专家等。

近年来，应有关部门的要求，他总结归纳了“能源管理方法学”，在分析了能源管理存在的问题后，梳理了国家宏观层面和企业微观层面的能源管理方法，最后提出了以“用能管理方法”“能源利用评价方法”“科学利用能量方法”“节能管理经济方法”和“节能标准管理方法”等为主要内容的“能源管理方法学”。全面系统地为节能——加强能源管理，提供了有价值的理论基础和实践经验，并进行了有益的探索，水平得到提升。

值得一提的是，在新时代和节能工作新阶段，张管生又分析了节能的新思路、新概念、新要求、新特点，引起了关注，受到了重视，并应邀在北京上海成都等地进行演讲。

张管生自 1955 年考入哈工大到 1979 年底离开去北京，在哈工大整整 25 年，受到了“规格严格，功夫到家”的训练，也得到了动力系知名教授严家騄、李之光和秦裕琨院士、王仲奇院士等多位专家教授的言传身教，受益匪浅。早在学生时期张管生就在课程设计中用“迭代法”解决了锅炉衍架的计算，获“学生科技”三等奖，并被《人民日报》加以报导。后因工作需要张管生先后担任动力系团总书记、六专业党分总支书记、热工教研室主任等职。

离开哈工大后，张管生也一直关心和支持母校哈工大的发展，受老校长李昌和校友王兆国的委托组建了哈工大北京校友会，担任常务副会长和秘书长，秉承“为校友服务，为母校服务”的宗旨，热心投入校友会工作，组织多次活动受到赞许和好评。后又平稳过渡给当时的年轻校友熊焰等，现在还是校友会顾问。张管生曾代表北京地区校友会赴湖南永顺使李昌老校长遗体骨灰在家乡安葬。

顺便提到的是，张管生教授的夫人韩梅林副教授曾是哈工大数学教研室老师，而其父韩俊义曾在 1926 年考入哈工大并成为当时少有的几名学生党员之一。韩俊义后被迫离开哈工大在哈尔滨搞学运，后来又参加抗日义勇军，并被送到苏联接受军事训练，回国后在山西组织爆破军列给日军以重大杀伤，并为抗大培训学员，是延安抗大爆破教员。国共合作后，1938 年被任命为第一战区抗日游击第 24 挺进纵队少将司令。

无独有偶，有意思的是 1928 年 3 月 1 日—1933 年 6 月 2 日担任哈尔滨工业大学校长的刘哲是韩梅林的表舅（即韩梅林母亲赵剑秋的表哥）。刘哲不但担任过中华民国教育总长，国民政府监察院副院长、东北经济委员会委员、长春铁路理事会理事等要职，而且是一名书法家、哈尔滨霁虹桥的桥名就出自刘哲之手。

可以说张管生教授的一家均与哈工大有缘，是哈工大的“铁杆粉丝”，不愧为一段佳话。

张管生 简历

张管生，男，汉族，1937 年生，中共党员，教授，国家有突出贡献专家，政府特殊津贴获得者。全国高校先进科技工作者。

1954 年入党，1957 年参加工作，1960 年毕业于哈尔滨工业大学，1997 年退休。

1955—1979 年　哈尔滨工业大学学习、工作，先后任讲师、团总支书记、党分总支书记，教研室主任。

1979—1989 年　北京轻工学院（现北京工商大学）任教，讲师、副教授，副院长。

1989—1993 年　天津轻工业学院（现天津科技大学）任教，教授，院长、党委副书记；天津市河西区人民代表。

1993—1997 年　中国轻工业机械总公司（现中国联合装备集团公司）第一副总经理、党委副书记；
中国轻工机械出口公司总经理；
中芬合资西安维美德有限公司董事长；
中国轻工机械协会副理事长；

1997—2007 年　中国地区开发促进会常务副会长、
科技委员会主任、
中高远科技开发公司总经理、
甜高粱产业发展中心主任。

1985—2013 年　中国能源研究会理事；
节能与企业能源管理专业委员会副主任；
全国能源基础与管理标准化技术委员会委员、顾问、名誉委员。

2007—2017 年　中国西部经济发展研究中心专家委员会主任；
北京华夏国宏环境技术研究院院长；
北京工商管理学院 副院长；
《中外能源》副主编。

2013 年至今　中国工业节能与清洁生产协会专家。

1987 年至今　历任哈工大北京地区校友会秘书长、常务副会长，名誉秘书长，顾问。

杜焕生 简历

杜焕生，男，汉族，1938 年 9 月 21 日出生，辽宁省锦州市人。中共党员。

1957 年　锦州高中毕业。

1957—1963 年　在哈尔滨工业大学机械系和工程力学系学习。1962 年获“哈尔滨工业大学优秀学生”奖励。

1963—1983 年　在总字 742 部队四部（五院四部）、七机部三院三部，任技术员、工程师，从事导弹设计、生产和试验工作。参加并组织我国几个导弹的产品结构设计、生产，产品大部分获国家级奖励。

1983—1986 年　在国家经委机械工业技术经济研究所任编辑部副主任。参加和组织编写《中国机械电子工业年鉴》（1984、1985 年卷）。

1986—1998 年　在机械部情报所、机械信息研究院任编辑部副主任、主任、年鉴副总编辑，研究员级高工。参加并主持《中国机械工业年鉴》（1986 至 1998 年卷）的编辑、出版和发行工作。

2000—2001 年　《机械工程学报》特聘编辑。

1986 年被聘为高工，1997 年被聘为研究员级高工，1999 年退休。曾任中国年鉴研究会学术委员会秘书长、 中央级年鉴工作委员会副秘书长，任哈工大北京地区校友会副秘书长。

后 记

2020年是哈尔滨工业大学建校100周年。哈尔滨工业大学出版社配合这一庆祝活动要出版一批图书，副社长李艳文到北京来组稿。2018年12月4日，在北京的组稿会上，确定编写哈工大北京地区校友会活动的历史。刚杰代我承揽了这一项目，她知道我有条件做好这一篇大文章。

1987年哈工大北京地区校友会成立时，我就是几个发起人之一，策划、参加、组织、领导初期和中期的各项活动，编写各种文字材料，保存大量照片。特别是1999年退休后，更是投入了大量精力为校友服务，受到校友总会的表彰。一方面，我对哈工大北京地区校友会的活动比较熟悉；另一方面，我在机械工业出版社多年，担任《中国机械工业年鉴》编辑部主任十几年，对编辑、出版工作也比较熟悉。

但是，时年我已经80周岁，记忆衰退，体力下降，不再似当年雄姿英发了，真有心有余而力不足之感。

可是又一想，哈工大北京地区校友会已经成立了32年，组织了大量丰富多彩的活动，有必要很好地总结一下，展示我们的成绩，这历史性的总结意义重大。保存的很多校友会资料是很宝贵的，应该发挥它的作用，用这些资料编写校友会的历史，和大家共享这些成果。哈工大是我的成长之地、发展之地，母校之情永驻心田。我热爱母校，应为她的进步、为她的百岁生日尽一份力量。趁身体还行，我承接了这一工作。

哈工大北京地区校友人数多、层次高、分布广、行业多、跨度长。校友会成立时间早、活动多，时间跨度达到32年。要写这段历史，凭回想是难以完成的。于是，我开始找资料。资料分两种：纸质资料和电子资料。纸质资料好找，但也要整理。而电子资料，由于两次更换计算机，加上3英寸黑盘、2.5英寸软盘、硬盘的转换，有的盘打不开了，丢失一些资料。只能将现存的大量资料分门别类地集中到一起。我也从互联网上和《哈工大人》杂志上查找到一些资料（真要感谢这些写稿的校友，留下了珍贵的资料）。

首先，将这些文字按时间顺序编写成文稿，再插入图片。于是我将1987年校友会成立大会的照片送到照相馆，请求协助扫描。

虽然花了钱，但质量达不到要求，画面很脏。无奈，只好另请高明，请航天五院502所的退休副总工程师朱德懋先生帮忙。他很爽快地答应帮忙，将1987年至2005年的450多张照片进行扫描，并做了两次清晰度修整。在此，要感谢朱德懋先生的大力帮助。

接着，我将扫描后的图片和用数码相机拍的图片进行选择和编辑加工。然后，将选出的图片插入到文稿中。这时，发现还少一些图片，便请海锦涛等老校友支援。他们很快地邮来了照片。海锦涛更是将他拍摄的2004年至2018年的上千张照片送到我家里，真是雪中送炭。

在此，要感谢海锦涛等老校友的大力支持，也要感谢以前协助拍摄的王发塘、李铁柏、马文英、朱彤等校友。我从海锦涛送来的图片中选择330多张，进行编辑加工，再插入到文稿中。

在编辑加工中，我纠正了原稿中的差错。如捐款助学原稿中，写一名校友捐款300元，夹在捐款3 000元的两名校友之间，成为一个奇异点，不合规律。计算这些校友的捐款之和，比原稿上的总计正好少2 700元，所以这名校友捐款应为3 000元。为了准确，开会日期、活动时间都用我的日记进行核对。为了完善，还向有关校友询问，直到得到满意的答复为止。

完稿后，刚杰通读了全部稿件，并增加了串联词。

这本书的完成还要感谢哈尔滨工业大学出版社副社长李艳文女士的及时指导和宝贵的建议。

这本书记录了哈工大北京地区校友会32年活动的历史，是一部史册，必须要准确，还要尽可能地全面。虽然偏重于老校友的活动，但也兼顾了年轻校友的活动。选用了千张左右的图片，是一部图史。这部书的图片中的校友，有年老的，也有年轻的，当时年轻的现在也变成年老的了。希望大家能在图片中找到自己当年的影子，重温当年的活动；也能在图片中找到自己的老师和朋友，重温当年的师生情、同学情。

这部书的主角是广大的哈工大北京地区校友，是他们积极参加校友会的活动，在哈工大校友总会关怀下，在秘书长张管生和熊焰的领导下，开展了丰富多彩的活动，取得了优异的成绩。我们感谢这些书写历史的哈工大好儿女，给我们提供了这么好的素材。

本书完成初稿后，于9月2日复印10册，征求意见。在11月18日由张管生主持召开编委会。与会同志赞成全书内容和编排方式，也提出一些改进之处。会后进行了修改，充实了内容，增加了篇章。

哈工大出版社，特别是副社长李艳文，对本书给予大力支持和帮助，我在此表示衷心感谢。

由于时间有限，能力欠缺，定有不当之处，敬请批评指正。

杜焕生